KB078374

부엌의 문화사

차례
Contents

· 이 책의 피면담자의 이름은 가명임을 밝힌다.
· 사진의 출처는 참고문헌에 밝혀둔다.

머리말

한국사회는 지난 100년 동안 많은 변화를 겪었다. 우리는 지금까지 국가의 굵직굵직한 정치, 경제, 사회적 사건을 중심으로 그 변화를 이해해 왔다. 그러나 이제부터는 일상생활을 통해서 한국인들이 겪은 변화를 알아보는 것도 의미 있는 작업이라고 생각한다. 이런 취지에서 필자는 한국 부엌과 여성들의 생활에 관심을 가지게 되었다. 부엌과 같은 작은 공간이 어떻게 지나 백년 한국 여성들의 삶의 변화를 증언할 수 있느냐고 반문할 수 있다. 그러나 그렇지 않다. 부엌이야말로 다른 어떤 것(곳)보다도 한국인들 특히 여성들의 일상적 삶의 변화를 흥미롭게 보여주는 곳이다.

필자는 이 책에서 구한말 전통적인 가옥의 부엌에서부터

오늘날 초현대식 아파트의 부엌에 이르기까지 한 세기의 부엌의 변천에 주목하고자 한다. 부엌의 구조 하나만을 놓고 보더라도 그 변화가 매우 크다는 것을 알 수 있다. 여기에 덧붙여서 필자는 부엌 살림살이와 관련되어 일어난 일도 함께 주목하면서 그동안 변화된 내용을 정리하였다.

이렇게 정리한 것을 부엌 문화사 또는 생활문화사라고 부른 이유는 다음과 같다. 부엌을 통해서 가옥의 구조, 기술과 설비, 식생활, 여성들의 일과 의식 등을 총체적으로 보았기 때문이다. 부엌은 주거생활과 식생활, 현대 테크놀로지의 발달과 밀접한 관련을 맺고 있으며, 여성들의 가사노동 대부분이 이루어지는 곳이며 가정의 살림살이를 그대로 보여주는 곳이다. 또 가정경제와 문화적 위상을 가늠해 볼 수 있는 곳이기도 하다. 그러므로 이 책에서는 부엌이 다른 생활의 영역으로부터 따로 독립하여 존재하는 공간이 아니라는 사실을 강조한다.

지금까지의 부엌에 관한 연구는 주로 주거공간으로서 구조나 내부시설의 변화 등을 알아보는 데 치중하여 왔다. 그래서 부엌이 사람—대부분이 여성들—이 활동하는 공간이고 식생활, 주생활, 가족생활 등 여러 가지의 생활모습을 동시에 보여줄 수 있는 공간이라는 점을 일깨워주는 데는 다소 미흡했다. 이러한 점을 보충하기 위해서 여기에서는 부엌과 관련해서 일어나는 다양한 사건과 일들을 소개할 것이다. 그렇게 함으로써 부엌이 당대의 생활문화를 보여주는 중요한 창구라는 점을 일깨우고자 한다.

부엌의 소사

한국의 전통가옥에서의 부엌은 음식을 조리하고 저장하기도 하며, 난방을 하는 공간을 말한다. 이러한 곳을 일컫는 단어가 비단 부엌에 국한된 것은 아니었다. 지역에 따라서 또는 계층에 따라서 부르는 명칭도 조금씩 달랐다. 궁중에서는 수라간(水剌間), 양반들은 반빗간, 경상도나 전라도에서는 정짓간 또는 정지, 충청도에서는 부세라는 말도 쓰였다.

부엌이 식사준비와 난방이라는 두 가지 기능을 모두 중시하게 된 것은 가옥의 구조에서 온돌의 발달과 밀접한 관련이 있다. 방을 따뜻하게 하기 위해서 구들을 만들고 구들 속으로 불을 때기 위해서 부엌에 아궁이를 둔 것이다. 우리 조상들은 아궁이를 통해 불을 때면서 방을 덥히고, 그 열을 이용해서 음식을 조리하는 방법을 선택하였다. 이 방법은 한국의 자연조건과 잘 맞는 것이며 독특한 주거문화를 만들 수 있었다.

암사동에 있는 신석기시대 수혈주거지를 가보면 잘 알 수 있는데 이 시대 사람들은 집 한 가운데 화덕을 놓고, 그 주변에서 음식을 조리하였다. 이 화덕터는 대부분 집의 중앙에 위치하고 바닥을 15cm 깊이와 1m 정도의 타원형으로 팠다. 이 화덕에서 불을 지피고 음식을 조리한 흔적이 발견된다. 사람들이 잠을 자고 생활하는 공간과 음식을 만드는 공간이 한 장소에서 이루어지고 있었음을 알 수 있다. 이러한 원시적 형태의 주거공간이 조금씩 달라지기 시작해서 철기시대가 되면 화덕이 거주지의 중앙에서 한쪽으로 비켜나가게 된다. 그리고 조금 더 시간이 흐르면 부엌이 방과 구별되는 형태로 발달한다.

고대의 부엌구조를 알 수 있는 자료로서는 고구려 고분벽화가 있다. 특히 안악 3호 고분에 그려져 있는 벽화에는 한 여성은 아궁이 앞에서 불을 지피고 있고 또 다른 여성은 부뚜막에서 국자로 솥을 젓고 있는 모습이 보인다. 부엌 내부의 부뚜막에 연결되어 굴뚝이 세워져 있고, 창고, 방앗간, 우물, 마구간, 외양간 등이 그려져 있는 것으로 보아서 당시 상류층의 생활모습을 재현한 것으로 추측된다. 이 그림에서 보이는 부엌의 부뚜막은 난방까지를 겸하는 것은 아니다.

이 벽화에서 나타난 것처럼 고구려시대 귀족들은 부엌에서 취사만 하였을 것으로 추정되지만, 서민들의 부엌은 난방까지 겸하였을 것으로 생각된다. 특히 겨울이 길고 추운 북쪽 함경도 지방에서부터 취사와 난방을 합친 부엌구조가 시작된 것으로 보인다. 이러한 부엌이 남쪽지방으로도 전해지게 되었다. 각 지역마다 조금씩 다른 가옥구조가 발달되었지만[1] 난방은 어김없이 온돌로 하였기 때문에 어떤 형태의 가옥이라고 하더라도 부엌은 안방과 붙여서 짓고 취사와 난방을 겸하도록 했다. 이같은 구조는 안방에 거주하는 안주인이 부엌으로 출입이 용이하도록 한 것임에 틀림없다.

여성들은 부엌에서 음식을 하고 불을 때면서 가족들이 건강하고, 안락함을 가질 수 있도록 노력해왔다. 뿐만 아니라 실제로 조왕신을 부엌 안에서 모시면서 가족의 복을 빌었다. 부엌은 여성들이 함께 모여서 이야기를 나누는 교제의 장이기도 하고 시집살이의 서러움을 털어낼 수 있는 곳이기도 했다. 혼자일 때는 사색의 공간이었을 것이다. 집안에 목욕시설이 별도로 없었던 시절에 여성들은 부엌에서 사사로이 몸을 씻기도 했다.

이처럼 부엌은 여러 가지 일들이 수행되는 공간이었다. 이러한 다기능적인 전통 가옥의 부엌이 지난 백 년 동안 부단히 변화해 왔다. 가옥구조와 기술의 발달이 부엌의 변화를 유도하면서, 여성들의 삶을 변화시켰다. 그런가하면 생활양식과 여성들의 의식이 부엌 변화의 방향을 잡아주기도 했다. 이같이 쌍방향적인 요소들을 추적하면서 부엌 변천사를 알아보는 것이 이 책의 내용이다.

부엌 생활문화사의 내용과 특징

부엌 생활문화사의 특징은 부엌공간과 여성이라는 두 축을 중심으로 부엌생활의 변화를 추적한다. 지난 100년 동안 부엌 안에서는 도대체 어떤 일들이 일어났으며, 다른 일상생활과는 어떤 관련이 있는지, 부엌의 주체였던 여성들은 어떻게 살았는지, 다른 가족들은 어떤 영향을 받았는지 따위에 주목하면서 중요하다고 판단되는 사건들을 시대별로 정리하였다.

부엌의 변화를 주도한 사건을 선택하는 기준은 그것이 한국의 여성들의 삶, 그리고 가족에게 중요한 영향을 주었다고 판단한 것들이다. 그래서 다음의 여덟 가지 질문을 먼저 던져 보았다.

첫째, 부엌에서 사용하는 물을 어떻게 끌어오고 또 어떻게 버렸는가. 즉, 부엌의 급배수 문제를 말한다. 둘째, 어떤 연료를 사용하였는가. 셋째, 어떤 음식을 조리하였는가, 넷째, 어떤 식기를 사용하였는가, 다섯째, 어떤 조리기구나 부속시설이 부엌에 새로 들어왔는가, 여섯째, 누가 부엌일을 주로 하였는가, 일곱째 가족들이 어디에서 식사를 하였는가, 여덟째, 부엌과 부엌시설에 관한 당대 여성들의 관심사, 지식 및 담론 등은 어떤 것들인가 등이다.

이러한 질문을 하면서 지난 백년의 시기를 일곱 단계로 나누어 보았다. 시기구분은 부엌생활에서 일어난 변화를 알아보기 위해 다분히 임의적으로 나누었다. 그리고 각 시기의 특징은 부엌의 구조, 시설, 그리고 여성의 삶에 미친 중요한 일과 사건을 중심으로 뽑아보았다.

첫 번째 시기에는 조선시대 후기의 여성들과 전통적인 부엌생활에 관한 것을 알아본다. 구한말, 일제 초까지도 조선후기의 전통적인 가옥과 부엌구조 및 생활양식이 유지되고 있었다고 보고, 양반과 농민층으로 구별해서 각 계층의 부엌과 살림살이를 살펴본다.

두 번째 시기는 신여성들과 지식인들을 중심으로 생활개량의 논의가 시작되었던 1930~1940년대에 주목해본다. 당시 근대문화가 물밀듯이 들어왔을 때 부엌에서는 어떤 일이 일어나고 있었는가가 궁금하다. 일제는 학교 교육을 통해서 과학과 위생 그리고 영양에 대해서 가르치기 시작하였고, 신식교육을 받았던 여성들이 새로운 주거생활과 식생활에 관심을 가진 시기였다.

세 번째 시기는 해방과 6·25 전쟁 이후이고, 도시 서민 여성들의 부엌생활을 알아본다. 사회가 혼란해졌고, 인구의 도시집중이 시작되었던 시기이다. 도시의 서민들은 주택난에 시달렸고, 열악한 주거 환경에서 살아야 했다. 가옥이 비좁아지면서 부엌의 위치나 시설이 열악해질 수밖에 없었다. 어려운 환경에서 가족들의 식생활을 책임지고 있었던 여성들은 불편하기 짝이 없는 부엌을 자신의 아이디어로 바꾸기도 하고, 마술사처럼 무에서 유를 만들어내면서 가족의 명실상부한 구심점이 되었던 시기였다.

네 번째 시기는 도시에 신흥 주택촌이 생기면서 새로운 부엌이 등장하는 1960년대에 주목해본다. 경제 개발 시대가 열리면서 주거와 식생활에도 변화가 나타나기 시작했다. 서울에 아파트가 등장하고 변두리에는 신흥 주택 단지가 속속 들어섰다. 이 당시 신축된 주택에는 입식부엌이 있었지만, 과도기적인 형태였다. 그래도 이 같은 입식부엌은 현대 문화주택의 상징물이었고, 주부들의 선망의 대상이었다.

다섯 번째 시기는 경제성장이 궤도에 오르면서 아파트 시대가 열리는 1970년대를 다룬다. 중산층 아파트를 중심으로 입식부엌이 정착되고, 다양한 전자제품이 부엌으로 속속 들어왔다. 중산층 주부들이 가사보조원(식모)을 구하기 힘들어지면서 편리한 부엌에 대한 요구가 절실해졌다.

여섯 번째 시기에는 현대화되어가는 농어민들의 부엌에 대해서 살핀다. 농어촌의 가옥이 입식부엌을 갖춘 양옥으로 바뀌기 시작한 것은 1980년대 이후의 일이다. 서울 근교나 대도시 부근에서는 더 일찍 시작된 곳도 있지만, 전반적으로 1980년대 후반이 되어서야 농어촌의 여성들도 '아궁이'를 없애고 부엌을 실내로 옮기는 등 생활의 편리함을 누리게 되었다. 그러나 이들은 도시의 여성들이 집을 옮기는 것과는 달리 주어진 여건 아래서 제한적이기는 하지만 '편하게' 사는 다양한 방법을 마련해 왔다는 점이 특징이다.

일곱 번째 시기에는 1990년대 등장한 초현대식 시스템 키친과 여성들의 일 그리고 식생활의 변화를 알아본다. 디지털 기술까지 동원된 주방기기시설을 갖춘 시스템 키친이 선보이면서 부엌은 과학과 예술이 동시에 구현되는 공간으로 변했다. 신세대 주부들의 부엌은 기술만이 아니라 디자인도 중요하다. 또 편리한 기능도 중요하지만, 아름다운 실내장식도 필요하다. 그런 까닭에 초현대식 부엌은 조리의 공간으로서의 기능이 약화되어가고 있다.

전통시대 여성들의 부엌생활(20세기 초까지)

오랫동안 한국의 여성들이 사용해 오던 전통가옥의 부엌에 대해서 현대인들은 몇 가지 오해를 가지고 있다. 전통적인 부엌을 재래식 부엌이라고 부를 때는 다소 부정적인 은유가 들어있게 마련이다. 이러한 오해를 풀어보기 위해서라도 우리 조상들의 부엌생활을 들여다 볼 필요가 있다.

그 오해란 첫째, 재래식 부엌은 비위생적이고 비효율적인 공간으로 인식된다는 점이다. 둘째, 재래식 부엌의 기능을 축소시켜서 본다는 점이다. 옛날 부엌은 다양한 기능을 담당하고 있었고 마당과 실내까지 그 부대시설이 확장되어 있었다. 현대의 부엌처럼 조리 중심의 공간으로 좁혀서 보아서는 안 된다. 셋째, 전통가옥의 위계적인 공간구조에서 부엌은 낮은 위치에 있었는데 그것이 여성의 공간이기 때문이라고 생각해 왔다. 그러나 부엌의 비천함은 여성의 공간이어서가 아니라 양반집에서 신분이 낮은 찬모, 침모, 행랑어멈 등이 드나드는 곳이었기 때문으로 생각된다. 이 오해들은 다음의 설명과 분석을 통해서 풀어지리라 생각된다.

양반과 서민 가옥의 차이

조선시대는 신분제 사회였기 때문에 신분에 따른 생활양식이 크게 차이가 난다. 양반과 일반 서민들의 가옥의 형태와 구조가 달랐으므로 여성들의 삶이 부엌생활에서도 차이가 나게 마련이다. 신분만 아니라 지역적 풍속, 경제적인 여건 등이 그 차이를 더 벌려 놓았을 터이지만, 여기에서는 부엌의 두 가지 형태적 차이만을 지적함으로써 부엌의 유형을 단순화시키고자 한다. 양반 가옥의 부엌이 하나이고 서민들의 가옥(민가라고 칭함)의 부엌이 다른 하나이다.

양반 가옥의 부엌

조선 양반 가옥은 크게 안채와 사랑채, 즉 여성들과 남성들이 거주하는 공간이 나뉘어져 있다. 부엌은 조선 중기 이후에는 안채에 놓여지며 안방에 붙여서 지었다. 대갓집에서는 취사 공간을 따로 두고 반빗간이라고 하였다. 반빗간은 반빗아치, 차집들이 조리를 하고 참모가 통솔하였다.[2] 현재 남아있

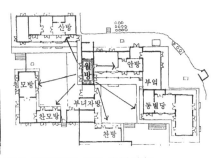

(위)선교장의 열화당. (아래)안채사진, 그리고 안채의 평면도.

는 양반 가옥 가운데 대표적인 것으로는 강릉의 선교장을 들 수 있다.3) 선교장도 큰사랑, 중사랑, 아랫사랑 채에는 대주와 그의 장남, 자손이 기거하고 안채에는 안주인, 맏며느리 그리고 손자며느리가 기거하였다. 안채에는 안주인인 시어머니가 기거하는 안방이 있고, 맏며느리가 기거하는 건넌방(월방), 부엌, 찬방, 침모방, 찬모방 및 기타 부녀자들이 사는 방들이 있다. 안주인이 맏며느리에게 살림을 물려주면 침모, 유모, 찬모, 그리고 하인들을 거느리고 살림살이를 하였다.4)

선교장 안채의 부엌은 안방에 붙어 있으며 그 규모가 방보다 훨씬 넓고, 찬방이라고 하는 취사의 공간이 별도로 있다. 그밖에 술이나 장 등을 보관하는 저장고, 장독 등의 부속시설을 감안하면 안채에서 부엌이 차지하는 위치는 매우 중요하다는 것을 알 수 있다. 특히 양반들은 제사와 손님치레를 중시하였으므로 여성들이 장과 술을 잘 담가야 했고, 밑반찬 등을 마련하여 저장하는 일이 중요하였다.

대갓집이라고 일컫는 양반 가옥에서는 남녀가 사용하는 공간이 나누어져 있는 것이 특징이고 그것은 남녀의 역할이 뚜렷이 구분되어 있음을 의미한다. 대주와 안주인, 장남과 맏며느리, 장손과 손자며느리가 각자의 위치에서 서로 다른 역할을 수행하고 있으며, 성에 따른 주거공간 구분은 대등성의 원칙을 가지고 있었다. 하지만, 집사, 서기, 침모, 찬모, 노비 등의 신분적인 차이에 따른 위계질서가 엄연히 존재하고 있었다.

서민 가옥의 부엌

조선시대 서민들이 살던 가옥을 민가라고 칭하기도 한다. 서민들의 가옥은 취사와 난방을 겸하는 부엌과 방, 마루 등을 기본 구조로 하며 20세기 중반까지도 그 기본 구조가 지속되었다. 서민 가옥 역시 지역과 빈부에 따른 차이를 보인다. 중부지방과 남부지방 그리고 산간과 평야, 도시와 농촌 등에 따라서 조금씩 구조가 다르다. 여기에서는 서민들의 대다수를

(좌)서민가옥의 전경.

(우)서민가옥 평면도.

차지하던 농민들의 가옥을 예로써 들어보기로 한다.

농민들의 가옥은 남쪽 지방의 경우 일자형 집이었다. 부엌과 방, 윗방의 순으로 일렬로 배치된다. 일자형이기 때문에 부엌은 다른 방과 마찬가지로 밝고 통풍도 잘된다. 남부지방의 일자형의 집의 경우는 물론이고 중부지방에서 발달한 기역자집에서도 부엌은 안방에 붙여짓는다. 안방은 부엌에 가려서 어두워도 부엌은 밝은 동향을 차지하고 있다. 따라서 전통 한옥에서 부엌이 어둡고 환기가 잘 되지 않는다는 말은 사실과 다르다. 아마도 조명시설이 어둡고, 아궁이에서 불을 때기 때문에 나온 말이 아닌가 생각된다.

이러한 편견을 버리고 보다 자세하게 조상들의 주거생활과 식생활을 들여다보면 전통 가옥에서의 부엌은 가장 좋은 위치를 차지하고 있음을 알 수 있다. 부엌은 다른 어떤 공간보다도 햇볕이 적당하게 들어오는 곳이었고, 통풍이 잘되면서도, 여성들이 왕래하기 편리한 곳에 두었다.

부엌의 바닥은 구들로 난방을 하기 위해서 가옥의 기단에서 밑으로 내렸다. 또 나무 등의 땔감을 보관하기 위해서 한쪽 구석에 나뭇간을 마련하였다. 부엌은 앞마당과 뒤뜰로 출입하기 좋도록 출입문을 달아 두었다. 앞마당에서는 가축우리나 농산물을 거두고 말리며 가공하는 장소이고, 뒷마당에는 장독대가 있어서 여성들이 농사일, 식사준비, 가축돌보기 등을 효율적으로 할 수 있도록 부엌은 가옥의 중심에 있었다.

부엌과 기타 살림살이 공간

전통 한옥에서 여성들이 살림살이를 하는 공간은 부엌이 중심이다. 그것은 양반 가옥이든 서민 가옥이든 모두 해당되는 구조이다. 그러나 유독 한국 여성들의 살림살이는 집안 전체에서 이루어지기 마련이었다. 집안 내 각 공간의 기능은 통합적이고 다기능적이어서 여성들이 살림살이를 하기 위해서는 집안 전체, 구석 구석을 총괄하고 있어야 했다. 남성들은 사랑채에 머물고 있어서 오히려 활동공간이 축소되어 있다고 볼 수 있다.

여성들의 주요 임무 가운데 하나인 취사준비를 보더라도 그 사실이 분명해진다. 우선은 식사준비를 하기 위해서 물을 길어 와야 하고 또 쌀이나 야채 등을 씻으러 샘물이나 우물가로 가야 했다. 곡식이나 야채를 다듬기 위해서는 마당이나 마루를 이용하기도 했다. 장을 푸려면 장독대로, 밑반찬을 꺼내려면 찬광 등의 부속시설을 다녀와야 했다.

부엌과 관련된 부속시설물인 장독대, 곳간, 찬광, 창고 등이 마당에 자리하여 있고 이 시설물들도 식생활에 여간 중요한 곳이 아니었다. 따라서 여성들이 느끼는 조리공간은 부엌만이 아니라 집안 내부의 여러 곳을 포함하고 있었다. 전통 가옥에서 안채와 사랑채가 나뉘어져 있었다는 사실 때문에 여성들이 차지하고 있던 공간을 좁혀서 생각하거나 남성들의 공간에 대한 종속성을 강조하는 것은 타당해 보이지 않는다.

양반들의 경우는 예외로 하더라도 일반 농민층들은 가족원들이 모두 힘을 합해서 농사를 짓고, 집안일을 해야 했다. 즉, 가족들 모두 남성과 여성, 어른과 아이들을 막론하고 생산 활동과 살림살이에 다 같이 참여해야만 먹고 살 수 있었다. 여성들도 밭일을 하고 남성들은 나무를 하고 물도 길어다 주었다. 남자 아이들도 가축에게 먹일 풀을 베러 다니고 땔감으로 쓸 나뭇가지를 주우러 다녔다. 여자 아이들은 어머니를 도와서 부엌일을 하거나 동생들을 업고 다녔다. 가축들에게 줄 먹이를 쑤는 일도 남성과 여성들의 공동작업이었다.

현재 김제 광활면에 거주하는 조화자(1932년생) 할머니는 옛날 일을 회상하면서 쇠죽 쑤는 일이 가장 힘들었다고 한다. 그러나 그 일은 남편과 함께 하면서 힘을 덜었다고 한다. 같은 마을 이정림(1930년생) 할머니는 물을 긷는 일이 가장 힘들었는데, 남편이나 아이들이 물을 길어다 부엌에 있는 항아리에 부어다 주었다고 한다.

이처럼 여성만이 부엌일을 전담한 것이 아니라 가족원들 전원이 협력하는 때가 많았고, 역할분담이 비교적 자연스럽게 이루어졌다. 이 두 사람 모두 훨씬 후대사람들이기는 하지만, 이들의 생활이 전통적 살림살이에서 크게 벗어난 것이 아니라는 생각에서 인용해 보았다.

과거 전통적인 삶을 살았던 여성들은 신분적인 차이를 막론하고 살림살이를 하기 위해서는 부엌의 안팎을 다니면서 일을 해야 했다. 그러므로 여성 한사람의 동선 길이를 놓고 볼 때는 전통 부엌살림의 배치가 매우 비효율적이라고 판단하게 된다. 그러나 다른 영역의 생활, 즉 생산활동 및 각종 의례 시에 가족, 친척, 이웃들 사이의 공동노동과 역할 분담이 필요했기 때문에 전통 부엌의 구조는 현대인의 입장에서 보면 불편하게 보일 수밖에 없다.

여성들의 24시-그 실례5)

과거 여성들이 집안일을 한다는 뜻은 현대의 주부들이 생각하는 것처럼 가사일, 즉 식사준비, 빨래, 청소 따위만을 가리키는 것은 아니었다. 이들의 집안일은 생계를 위한 모든 활동을 포함하였다. 농사를 짓는 일, 아이 키우는 일, 식사를 준비하는 일, 그리고 바느질을 하거나 길쌈을 매는 일 등 생산활동과 가사노동을 동시에 집안일이라고 말한다.

운암댁(전남 나주 세지면, 1931년생)의 시어머니는 운암댁이 시집을 오자마자 부엌일에서 벗어났다. 부엌일은 며느리에게

(좌)부엌의 부속시설—마당, 장독대, 우물가
(우)남원양씨 종가댁의 옛부엌 아궁이.

넘겨주고 밭일을 하러 나갔다. 농촌여성들은 예나 지금이나 생산자로서 중요한 역할을 해 오고 있다. 여성들에게 있어서도 농사일과 가축을 거두는 일은 매우 중요하였다.

운암댁의 시댁은 일제시대 물방앗간을 운영하고 있어서 살림살이가 비교적 넉넉한 편이었지만, 찬모나 침모를 둘만큼 여유로운 것은 아니었다. 그래서 운암댁이 시집오기 전까지 시어머니의 일은 많았다. 며느리를 얻게 되면서 시어머니는 분업을 할 수 있었다. 운암댁이 부엌일을 맡으면서 시어머니는 농사일을 더 많이 하게 되었다. 운암댁의 일과는 새벽에 일어나서 부엌에서 불을 지피면서 시작되었다. 당시 부엌 안은 넓어서 장작나무를 한쪽 구석에 쌓아두는 나무청도 있고, 우물에서 물을 길어다 놓는 물항아리도 있었다. 부뚜막 위에는 두개의 커다란 무쇠 솥을 걸어두고 아궁이에 불을 지폈다. 절구통, 맷돌 등도 부엌 한 귀퉁이에 놓여 있었다. 불을 때야 하기 때문에 부엌바닥은 흙바닥이었고, 벽면도 흙벽을 그대로 두었다.

운암댁도 신혼의 시기를 벗어나면서 농사일도 거들었다. 부엌일과 밭일을 동시에 해나갔다. 밭일을 마치면, 수확한 곡식이나 채소를 앞마당에서 정리한 후 상태에 따라서 곳간, 헛간 등에 보관해 두었다. 음식을 장만하는 일 가운데 집에서 기른 닭이나 오리 등을 도축하는 일도 부엌에서 이루어졌다. 소와 돼지는 특별한 날에만 도축되었지만, 닭과 오리는 비교적 손쉽게 먹을 수 있었다. 이런 종류의 일들을 농촌여성들은 최근까지 지속해 왔다. 운암댁도 1992년에 가서야 비로소 옛날 집을 헐고 새집을 지으면서 입식부엌을 설치하였다. 불을 때서 부뚜막에서 밥을 하는 대신 가스로 밥을 하며, 기름으로 난방을 하게 되었다.

또 다른 예는 성춘식 할머니의 회고담에서 찾아볼 수 있다.

"시집살이를 하면서 가장 많은 일을 하는 것이 바로 부엌일이다. 부엌은 여자의 일터이고 공간이기 때문이다. 끼니때가 되면 쌀이 있든 없든 아녀자는 따듯한 밥을 지어 올려야 하는 것이 도리였다. 더욱이 반찬은 어른들이 좋아하는 것을 찾아서 끊임없이 올려야 하기 때문에 아녀자들로서는 여간 신경 쓰이는 일이 아니었다.……"

"장을 담그는 것은 정월이 아니면, 삼월에 한다. 장은 콩을 주 원료로 하기 때문에 콩이 좋아야 한다. 시골에서는 좋은 콩을 골라 쓰는데 밭에서 거둬들여 타작한 콩은 모래 등의 이물질이 많고 검불도 많기 때문에 메주를 쓰기 전에 키로 까불어 깨끗하게 한다. 또 삶을 때도 씻지 않고 그냥 삶아야 한다. (중략) 절구에 담긴 메주콩을 찧는 일은 그리 쉽지 않았다. 한참 절구방망이를 내리치다 보면 어느 새 허리가 끊어지는 듯 아파오고 저절로 이마에 땀방울이 맺혔다. 또 그렇게 찧기만 하면 메주가 되는 것도 아니다. 다 찧은 메주는 메주 모양을 만드는 틀에 부어 한 장씩 한 장씩 정성스럽게 만들어낸다."(성춘식 2001:171)

여성들의 연중 살림살이에서 간장, 된장 그리고 고추장과 같은 장류를 담그는 일은 중요하고도 특별한 일이었다. 장을 정성껏 담았던 정성은 성할머니의 기억에서 사라지지 않는다. 또 매일 쌀로 밥을 짓기는 하지만 그것을 먹기까지는 전 과정이 모두 쉬운 일은 결코 아니었다. 초봄 모판에 모를 길러서 모심기를 하고, 모심기가 끝나면, 여름 내내 벼를 보살펴야 한다. 가을이 되어서 추수가 끝나면, 비로소 일년 쌀농사가 끝나게 된다. 그러나 당시에 자작지가 없거나 조금밖에 없는 농민들은 추수가 끝나도 쌀밥을 지속적으로 먹을 수 없었다. 보리거나 밭에서 키운 작물을 쌀과 섞어서 먹는 경우가 대부분이었다.

이러한 어려움 속에서도 성춘식 할머니나 운암댁이 회고하는 것은 식구들의 끼니를 책임져야 했다는 점이다. 단순히 밥을 하는 사람들이 아니라 충분치 못한 곡식과 반찬을 가지고 가족들의 식사를 책임지고 있었다. 집안의 어른들이나 아이들은 당연히 어머니나 며느리가 밥을 해오는 것으로 인식하고 있었기 때문이다. 따라서 여성들은 머리를 짜내고, 남에게 빌려서라도 가족들의 밥상을 차려내야 했다. 여성들은 생산자이기도 했으며 경영자이기도 했다. 또한 식량과의 전쟁에서 전략지휘관 및 전투요원을 겸하기도 하였다.

신여성과 부엌 개량의 시작(1930~1940년대)

주택과 생활 개선 운동

최초의 현대식 부엌을 갖춘 서양식 주택이 등장한 것은 19세기 말이었다. 한말 외국과 교류가 시작되면서 정치, 경제, 외교 분야에서 커다란 변화가 시작되었을 뿐만 아니라 한국인들의 일상생활에서도 서서히 변화가 일어났다.[6]

1876년 개항과 함께 부산, 원산, 인천지역에는 일본식과 서양식 주택이 세워졌고, 서울거리에도 낯선 서양식 건물들이 하나 둘씩 들어섰다. 구한말에 서양 건축양식으로 지은 건물들은 공공건물이거나 상업용 건물들이었다. 주거용 가옥에 변화가 뚜렷해지기 시작한 것은 일제시대부터였다.

1910년 이후 일본인들이 이주하면서 일본식 주택이 세워졌고, 한국의 전통가옥도 개량되어야 한다는 소리가 커지게 되었다. 주택 개량에 대한 인식은 1920년대 지식인들 사이에서 나왔고, 신생활·신문화운동의 일환으로 추진되었다. 이 운동의 선두에 선 사람들의 주장은 인습적인 사고에 젖은 생활을 타파하고 서양식 교육을 통해서 도덕과 인격을 개발함으로써 새로운 문화를 형성하자는 것이었다.[7]

이들의 신생활운동은 일상생활의 불합리한 점들을 바꾸어 보고자하는 일에서부터 시작되었다. 생활양식과 주택구조도 개량해야 한다고 주장하였다. "식생활 중 여자는 여자끼리, 남자어른은 어른끼리, 아이는 아이끼리 먹는 것을 없애자." "침실에서 밥을 먹지 말고 부엌과 가까운 곳에 식당을 만들어 식사하자"라고 하였다.[8]

주택개량과 관련하여서는 "굴뚝을 높여서 연기가 나지 않고, 부엌 벽을 흰 회로 칠하여 깨끗이 하고 부엌문 중간에 유리를 끼우고 부엌을 늘려 마루를 깔아 김치 독을 두고 시렁을 매어 물건을 올려두자"고 하였다.[9]

한글학자인 최현배도 주택구조의 개조론을 주장하면서, "부엌의 위치를 잘 선정하여 위생상, 기능상 지장이 없고, 아궁이를 개량하고 굴뚝을 높이 할 것, 집안에 우물을 파라"고 하였다.[10] 당시의 건축가였던 이훈우도 "부엌을 집채의 뒤로 두고, 천장을 높여서 공기를 들일 수 있게 하라"고 하였다.[11]

1932년 당시 건축가였던 박길룡의 주택개조론에서도 부엌

의 개량을 언급하였다. 무엇보다도 한국의 주택에서는 부엌개
선이 선행되어야 하며 내방과 가깝게 부엌의 위치를 정해야
한다고 했다. 소주택에서는 남향 부엌이 어려우면 동향도 좋
다고 하였다. 부엌의 면적은 3평가량이 적당하고, 환기와 채광
을 위하여 격자창을 크게 많이 달아야 하며 음료설비, 취사설
비 및 욕탕 설비도 갖추어야 한다고 하였다.12) 그가 설계한 집
에는 부엌이 찬방과 연결되어서 복도를 통하여 연결되며 조리
대 위에 후드가 설치되었다. 찬방 밑에는 지하실을 두고, 식기
장과 급배수시설 등을 설치하는 최신의 설비를 갖춘 부엌이었
다(위의 그림 참고).13)

　　당시 신생활 운동을 주장한 지식인들은 생활 개선의 모델
을 일본, 미국 그리고 유럽에서 찾았다. 서구 주택은 편리하며
위생적이고 합리적인 공간 배치가 장점인데 반해서 한옥은 단
점이 많고 불편한 공간으로 인식되었다. 한옥은 어둡고 통풍
이 잘 안되는데 비해서 서구의 주택의 특징은 유리창이 많아

서 밝고 환풍에 신경을 써서 공기가 잘 통한다고 하였다. 서구의 주택은 기능적이고 실용적이라는 점도 강조되었다. 이들은 시대의 변화에 적응하여 서양식 주거양식의 좋은 점을 살려 집을 짓거나 고쳐야 한다고 주장하였다. 그러나 실제 집을 신축할 때는 일본식 또는 서구식을 그대로 따르기보다는 한옥과 일본·서구식을 절충하는 형태를 취하였다.

1930년대 지어진 당시 상류층의 절충식 집을 문화주택이라고 불렀다. "외모와 현관은 일본집인데, 유리창과 걸쳐있는 커튼은 분명코 서양식이다. 그런데 온돌방과 부엌의 부뚜막들은 또 정녕히 조선식인 것이다."[14] 이 집의 주인은 당시 신여성의 대표적인 인물이며 이화여전의 교수이고 윤심덕의 동생인 윤성덕이었다.

그런가 하면, 음악가였던 계정식의 집도 당시 문화주택의 대표적인 형태였다. 1936년에 신축한 이 주택은 72평 대지에 18칸이며, 방은 셋이었다. 방 가운데 복도가 있고 응접실을 따로 두었으며, 집안에 부엌과 목욕실이 들어와 있었다. 그러나 부엌이 사람들이 볼 수 없도록 집안의 뒤쪽에 배치되어 있고, 지하실이 있다는 것도 특징이었다.[15]

위에서 언급하였듯이 부엌 개량의 필요성은 일제시대 초기부터 시작되었다. 그러나 그 이후 지어진 문화주택에서도 부엌은 여전히 남이 보지 않는 구석진 곳에 자리를 하여야 했다. 부엌을 서구식으로 개조하는 것은 쉽지 않았다. 기술의 발달과 생활의 변화 그리고 의식의 변화가 함께 동반되어야만 가능하였다.

여기에서 기술의 발달이란, 난방과 취사연료의 개량을 뜻한다. 나무를 때서 취사를 하고, 난방을 하는 방법으로는 부엌을 입식으로 한다거나 실내로 옮기는 일은 불가능하다. 또한 실생활의 변화가 뒤따라야 하고 부엌에 대한 인식도 바뀌어야 한다. 부엌은 여성이 일하는 곳으로 여성전용공간으로 인식되는 한 부엌을 적극적으로 개량한다거나 가족들의 공동의 활동공간으로 만드는 것은 힘들었다. 일제시대 이미 입식부엌이 소개되고 있기는 하지만, 일부의 상류층 사람들만이 누리는 새로운 형태였을 뿐이었다.

중산층을 위해서 도시에서는 집장사들이 지은 개량 한옥이 보급되기 시작했다. 1934년 삼청동에 지어진 한옥집들이 그 대표적인 예이다. 35~50평 정도의 규모의 주택이며, ㄱ자, ㄴ자, 또는 문간채를 붙여서 ㄷ자로 짓기도 했다. 문간채는 과거 사랑채처럼 지은 것이지만, 도시의 주택난이 가중되면서 임대를 목적으로 지었다. 그래서 보통 한 집에서 2가구가 사는 경우가 많아졌다.

개량 한옥도 서민들의 입장에서는 현대식 가옥처럼 보였다. 대청마루에 유리 미닫이문을 설치하고, 지붕과 처마를 멋들어지게 치장하고 전통적인 서울식 상류층의 한옥을 모방하여 지었다. 그러나 부엌은 난방과 물 때문에 여전히 낮게 내려가는 흙바닥이었다. 주부들은 밖에서 물을 길어 와서 쓰고 사용한

(좌)개량 한옥의 전경. 가옥의 평면도.   (우)영단주택의 전경. 가옥의 평면도.

물은 밖으로 내다 버려야 했다. 그런가 하면 도시 개량 한옥의 마당은 전통 한옥의 마당과는 달리 공동 노동의 공간으로서 그 기능을 상실해 갔다.

일제시대부터 도시의 인구집중 현상이 야기되면서 도시의 주택난이 심각해졌다. 1920년대 도시 인구가 3.4%였는데, 1940년에는 14%로 증가하였다. 특히 서울의 주택 부족율이 1944년의 통계자료에 의하면 40%를 넘고 있었다.16) 조선총독부에서는 조선주택영단을 만들어서 도시 서민들을 위한 주택을 공급하였다. 주로 서울의 변두리에 지어졌고, 이 집들을 일반적으로 '영단주택'이라고 불렀다. 5종류의 표준 설계안에 따라서 지어진 집들은 20평, 15평 규모는 단독주택으로 지었고, 10평, 8평 그리고 6평형은 연립주택으로 지었다.

당시로서는 영단주택도 혁신적인 문화주택이라는 평을 들

었다. 일본식과 한국식 가옥을 혼합하여 방 하나는 온돌로 하고 나머지는 다다미방으로 했고, 변소와 부엌을 집안으로 끌어들였다. 가운데 복도를 중심으로 방은 남향에 두고 현관, 욕실, 변소, 부엌은 북향으로 배치하였다. 난방은 무연탄을 사용한 개량온돌을 만들었다.

그러나 입주자들은 곧 영단주택이 불편하다는 것을 알게 되었다. 한국인의 생활양식과 맞지 않았고, 변소나 오수처리 등의 시설설비가 완전치 않아서 오히려 악취가 났다. 입주자들은 마침내 변소를 마당 끝으로 내보내고, 다다미방은 다시 온돌로 고쳐서 사용하게 되었다.

일본 가옥의 영향

일제시대가 되면서 일본인들이 들어와서 집을 짓기 시작하였다. 일본인들은 일본식으로 집을 지었고 그 가옥들이 지금도 남아있다. 당시에 지어진 일본식 주택도 빈부의 차이에 따

일본 가옥 전경.　　　　　　　　일본 가옥 평면도.

라서 다양하지만 그 기본 구조를 전통 한옥과 비교하면 차이가 뚜렷하다. 부엌의 위치를 비교하여 보면 당시의 개량한옥이나 문화주택이 일본주택의 영향을 받았음을 알 수 있다. 일본식 주택은 겹집의 형태였다.(일본 가옥 전경 및 평면도 참고)

그림에서 보여주는 평면도는 1930년대 건축된 일본인 농장주의 집이다. 현재는 김제 광활면 옥포리에 위치하고 있다. 이 주택은 노후하여 겉모습은 변했지만, 집의 내부 구조는 그대로 남아 있다. 이 집의 경우를 보면, 부엌이 집의 가장 뒤편에 위치하고 있다. 일반적으로 일본식 가옥에서는 방은 남쪽으로, 그리고 부엌은 북쪽이나 북동쪽에 두었다.

당시 도시에 들어서기 시작한 문화주택이 일본식 가옥의 영향을 받아서 부엌이 집안의 뒤편, 즉 북향으로 가고 화장실과 목욕탕이 실내로 들어오는 구조를 가지게 된 것으로 보인다. 그러나 개량한옥의 경우는 전통한옥의 영향을 더 받아서 부엌이 여전히 집안에서 앞쪽에 위치한다. 부엌을 동남향으로 두는 집의 구조가 많았다.

신여성의 부엌관

일제시대에는 생활 개선 운동이나 주택 개량은 총독부가 주도하거나 남성 지식인들이 더 활발하게 주장하였다. 가옥을 개량할 때도 여성들이 참여할 수 있는 여지는 거의 없었다. 건축가나 건축업자들이 모두 남성들이어서 주택을 새로 지을 때도 여성들이 살림을 편리하게 하도록 만들어 주기보다는 외국의 것을 모방한다거나 외관을 중시하는 상품적 가치에 더 무게를 두는 편이었다.

살림을 꾸리고 부엌에서 일을 해야 하는 여성들의 관점에서 보면 도시의 개량한옥이나 영단주택의 경우는 불편함 투성이었다. 건축가들이 과거 전통한옥의 단점을 개량하려고 했는지는 모르지만, 그것의 장점을 살려내지는 못하였다.

전통한옥의 특징은 집안일을 공동으로 할 수 있는 공간을 만들어주고 자연스럽게 협업과 분업을 하도록 유도하고 있는 반면, 도시의 개량주택들은 그 기능과 가능성도 모두 폐쇄해 버렸다. 그러므로 도시의 여성들은 외형적으로는 개선된 집에서 산다는 자부심을 가지고 있었을지 모르지만, 속사정은 겉모습과 달랐다. 이들에게 부엌일을 포함해서 집안일은 과거의 여성들 그리고 당대의 농촌여성들보다 더 나은 것이 아니었다.

당시 교육을 받은 신여성들의 목소리를 통해서 그 사정을 알아 볼 수 있다. 1932년 『동광』 1월호에 신여성들의 신년바램을 실은 글이 여러 편 실렸다. 그 가운데 이경원은 「혁명은 부엌으로부터」라는 제목의 글에서 자신을 포함한 대부분의 여성들이 부엌일에 많은 시간을 보내고 있음을 한탄하였다. "주방의 어멈이 되고 충실한 '암닭'으로만 시종하여서야 어찌 여가시간(何暇)에 많은 공부를 다 하겠습니까." 공부를 하여서 사회적 활동을 하여야 하는데 그러하지 못한 이유는 부엌

일과 생활이 복잡한 까닭이라고 보고 있다. 그리하여 부엌의 질박화와 생활의 단순화를 주장하였다.[17]

이 주장으로부터 우리는 두 가지 점을 생각해 볼 수 있다. 하나는 신여성들이 시대를 앞서서 생활 개선과 여성의 의식화를 주장하였다는 점이다. 다른 하나는 의식보다 실제 생활환경이 뒤떨어져 있었다는 점이다. 여성들은 부엌을 편리하면서도 위생적인 공간으로 바꾸기를 원했지만, 그러기 위해서는 상수도, 하수도 시설의 완비, 편리한 난방시설의 설비 그리고 식생활에서의 혁명 등 여러 가지 조건이 동시에 만족되어야 했다. 그러나 당시로서는 몇몇 상류층을 제외하고 이러한 조건을 현실적으로 이루기 힘들었다.

물론 의식화된 신여성들이 점차적으로 사회에 영향을 주게 되었다는 점을 생각하면 이들의 역할은 매우 중요하였다. 당시 고등교육을 받거나[18] 외국에 유학을 다녀온 여성들은 여성들 스스로가 전근대적인 각종 폐습에서 벗어나서 사회 개조를 위해 공부도 하고, 개혁에 앞장을 서야한다고 주장하였다. 또한 구습의 불합리한 관습 가운데 특히 전통적인 가족제도의 모순, 결혼제도의 불합리성 등을 남녀평등이라는 관점에서 비판하였다. 그러나 이들의 활동이나 사상은 당대에도 많은 비난과 비판을 받기도 했으며, 같은 여성들 사이에서도 첨예한 대립도 있었다. 이른바 구여성과 신여성들 사이에는 서로를 비난하는 소리가 높아지기도 하였다.

위생, 영양 그리고 일상식

위에서 말한 바와 같이 가정과 생활의 혁신을 준비하며 실천하고자 했던 신여성들은 가부장제 및 대가족 제도의 불합리한 구습을 타파하여야 한다고 하였다. 그러면서도 이들이 이상으로 삼은 것은 현모양처가 되는 것이었다. 부부가 중심이 된 핵가족으로 이루어진 신가정에서 현모양처로서 남아있는 것이 당시 많은 신여성들의 바램이기도 하였다.

현모양처로서의 요건 가운데에는 다음과 같은 점이 강조되기도 하였다. "(신여성들은) 경제적 관념이 두터워서 가계를 꾸미는 것이나 또는 위생 관념이 깊고 사회적 교양을 받았으므로 자녀교육을 문화적으로 지도할 수 있는 점" 따위가 중시되었다.[19] 다시 말해서 근대적인 교육을 받은 신여성들은 스스로 자신들의 역할을 규정하기를, 가계를 경제적으로 운영해야 하며, 집안을 위생적으로 관리하고 자녀들의 교육에도 힘써야 된다고 한다. 당시 여성고등교육기관에서 가정학을 가르치게 되면서 위생관념, 영양학, 조리학 등의 지식이 여성들에게 퍼져나갔다.

그러나 이들이 학교에서 배운 지식은 실제생활과는 거리가 멀어서 응용하기 어려웠다. 당시의 가옥 및 부엌의 시설 그리고 식사 습관 등을 고려해 볼 때 서양과 일본에서 등장한 과학적 사고에 기초한 가정학은 비현실적인 것이었다.

과학적 지식의 소개나 신여성들의 부엌해방 담론 등도 당시 서울사람들의 생활습관 특히 식사습관을 크게 변화시키지는 못했다. 그것은 경제적인 여건과 의식의 변화가 뒷받침되어야 하는 문제였다. 무엇보다도 식생활을 신여성들이 주장하는 간편한 식생활로 바꾸는 일은 어려웠다. 당시 도시인들의 일상식도 여전히 전통적인 식단을 지키고 있었다. 서울토박이인 신현경씨가 회고하는 당시의 일상식은 다음과 같았다.[20]

> 봄 : 곰국, 된장찌개, 김치찌개, 짠지, 봄나물, 준치, 굴비,
> 　　　명태, 뱅어포.
> 여름 : 열무김치, 북어, 굴비, 오이지 콩나물, 숙주나물.
> 가을 : 무국, 배추국, 섭산적, 북어.
> 겨울 : 동태국, 무국, 굴젓, 김장-배추김치, 동치미, 총각
> 　　　김치, 비늘김치, 장김치.

한국인들은 밥, 김치 그리고 국과 찌개를 기본으로 나물이나 생선 그리고 장아찌나 젓갈 같은 반찬을 곁들여서 식사를 한다. 이러한 기본식단이 일제시대라고 해서 크게 달라지지는 않았다. 손이 많이 가는 반찬을 비좁은 부엌에서 해야 하고, 식자재도 일일이 상점이나 시장에서 구입해야 하는 어려움 때문에 도시의 여성들은 부엌일이 더욱 부담스럽고 어렵게 느껴졌다. 더욱이 핵가족으로 변화하면서 여성들은 살림살이의 조력자들을 잃어버리게 되었다.

도시 서민 주택의 부엌은 대체로 좁고, 어두웠으며 환기도

잘 되지 않았다. 농가에서라면 넓은 마당을 이용해서 할 수 있는 큰 음식 장만이 그래서 힘들었다. 대신에 도시 사람들은 시장과 상점을 다니면서 자연스럽게 가공식품을 이용하는 일에 익숙해졌다.

가격이 저렴해서 서민들도 즐겨 먹게 된 것들을 살펴보자. 국수, 뎀뿌라(튀김), 다꾸앙(단무지) 같은 음식들이다. 국수의 경우는 공장제조방법이 일본에서 도입되면서 국수공장이 경성·대구·부산·평양 등지에 세워졌다. 공장에서 제조되는 국수는 종류가 다양하였다. 가는 국수, 우동국수, 메밀국수 등이 만들어져서 상품으로 팔려나갔다. 주부들도 집에서 만드는 것보다 편리하여 국수를 사다가 간편하게 조리를 할 수 있었다.

전통적으로 가정에서 만들어 먹는 화채, 식혜, 수정과와는 달리 공장에서 만드는 사이다, 천연탄산수 등도 상점에 등장하였다. 상점에는 캬라멜, 비스켓, 건빵, 양과자, 각종 양갱, 셈베이 등이 진열되면서 아이들의 발걸음을 멈추게 했다. 그리고 집에서 담그는 간장 이외에 일본인들의 간장제조법이 소개되었다. 간장공장이 세워지고 왜간장이라 부르는 공장에서 만들어진 이 간장을 도시의 주부들은 사서 먹게 되었다. 마침내는 그 왜간장이 요리에 널리 쓰이게 되었다.

도시 | 서민 여성들의 부엌(1950년대)

소형 도시서민주택과 부엌

해방 이후 정치적인 불안이 6·25전쟁으로 이어지면서 피난민이 대거 발생하였다. 게다가 전쟁으로 파손된 주택도 많아지면서 도시에는 주택부족 현상이 심각하게 되었다. 특히 서울지역에는 피난민과 이주민들이 몰리면서 주택 수요가 급증하게 되었다. 정부에서는 외국의 원조로 무상 제공되는 건축자재를 가지고 긴급 구호주택을 건설하기 시작하였다.

1954년부터 약 2년 동안 전국에 6,230호에 달하는 재건주택, 복구주택, 외인주택 등을 건설하였다. 서울에서는 청량리 일대와 행촌동 언덕에 군대막사와 같은 단조로운 모습의 이층

연립주택을 건설하였다. 12평의 작은 집으로 서양식 주택을
응용하여 부엌과 화장실을 일층에 두고 이층에는 거실과 방을
두었다. 1957년 이후에는 산업은행에서 융자를 해주는 소규모
의 국민주택들이 서울 외곽에 위치한 신흥주택단지에 들어서
게 되었다.

이 주택의 기본형은 한국의 전통적인 'ㄱ자집'을 기본으로
하여 마루가 부엌과 대각선상에 위치한 田자형으로 설계되었
다. 욕실, 변소, 부엌을 개량하여서 배치하였다. 정부에서는 주
택설계를 공모하는 방법으로 주택을 규격화시키면서 대량공
급을 꾀하였다.21)

내 집 마련을 꿈꾸는 서민들은 융자를 받아서 국민주택을
사고자 허리띠를 졸라맸다. 주부들은 내 집 마련을 목표로 해
서 알뜰하게 살림을 해야 했고, 때로는 부업전선에 나서기도
하였다. 시장에서 소규모로 장사를 하거나, 가내수공업자들로

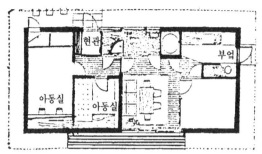

당시의
주택설계도.

부터 일을 받아서 봉투 만들기, 뜨개질, 조화 만들기 등으로 잠을 줄여 가면서 일을 했다. 주부들은 푼돈을 모으기 위해서 계를 했고, 그렇게 모인 목돈은 집을 장만하는데도 큰 역할을 했다. 당시 셋집이나 셋방에서 살다가 규모는 작더라도 내 집으로 이사 온 사람들의 기쁨은 말할 수 없이 컸을 것이다. 그러나 당시의 국민주택은 겉보기보다는 살기가 여전히 불편하였다.

젊은 건축가들이 설계한 도면에 기초하여 지어진 국민주택들은 서구식의 가족생활과 주거생활을 이상적인 모델로 삼고 있었다. 예를 들면 부부중심의 생활이라든가 또는 '프라이버시'를 중시하는 생활을 구현코자 안방은 부부침실의 개념이 도입되었다. 화장실이 집안으로 들어오고, 욕실이 생기며, 또 입식부엌을 기본으로 하였다.

현대적인 것과 도시적인 것이 강조되면서 문화적인 생활을 할 수 있도록 설계되었던 것이 사실이다. 그러나 당시 한국의 서민들이 들어가서 살기에는 불편한 점이 많았다. 가족계획에 대한 의식이 없었던 당시로서는 자녀들이 많았고, 부부중심보다는 자녀가 포함된 가족전체가 어우러져서 살아야하는 것이 당대 도시인들의 현실이었다.

특히 주부들이 일상생활에서 느끼는 불편함은 컸다. 식구가 많아서 많은 음식을 장만하려면 턱없이 좁은 부엌, 여름 장마철 비만 오면 물이 차는 부엌과 겨울이 되면 터지는 상하수도관 등으로 주부들은 준기술자가 되어야 했다.

당시 정부의 계획과 건축 전문가들의 이상이 일반서민들의 생활과는 맞지 않게 되자, 그 간극을 메워 준 사람들이 있었다. 바로 개인주택건설업자들이었다. 1960년대 이후 도시주택의 규격화와 대량공급에 일조를 한 것은 바로 이들이었다.

개인주택건설업자(집장사라고 부름)들이 짓는 집에는 부엌도 화장실도 옥외에 설치되어 있는 것이 기본이었다. 또 세를 주기 위해, 부엌을 따로 지어서 두 세대가 살도록 하였다. 세입자를 들여야만 도시사람들이 집을 마련하는데 도움이 되었다. 이처럼 두 집이 살 수 있도록 설계된 집장사들의 집은 인기였다. 당시 신축된 주택의 경우 부엌 안에 수도시설을 갖춘 집도 있었는데, 그러한 집들은 주부들에게 더욱 선망의 대상이었다.

1950년대 후반에 이르러 도시에는 상수도가 보급되면서 우물물을 길어다가 부엌에서 사용해야 하는 불편함이 사라질 수 있었다. 1960년대까지만 해도 도시의 일반서민들로서는 집안에 들어온 입식부엌이 편리하다고 생각되지 않았다. 당시의 생활여건이나 연료 등의 기술문제가 해결되지 않았기 때문이었다. 1970년대까지도, 도시에서는 여전히 취사나 난방용으로 연탄이 사용되었다. 따라서 부엌의 구조가 연탄 사용에 적합하도록 설계될 수밖에 없었다.

도시의 주부들과 연탄의 사용

도시에서 취사나 연료용으로 나무와 숯의 사용이 억제되고 대신에 연탄이 널리 사용되기 시작한 것은 1950년대부터였다. 1940년대 후반부터는 토탄, 유연탄, 무연탄분, 두탄 등으로 부르는 연료를 사용하기 시작하였다. 그러나 무연탄이 대량생산되기 시작한 것은 1960년 초였다. 1960년대 후반이 되면, 무연탄의 생산량이 1,160만 톤이 되는데 이것은 1960년 초와 비교하면 약 2배로 증가한 양이다. 19공탄이라고 부른 연탄이 가정용 난방과 취사용 연료로서 자리를 잡았다.

연탄이 사용되면서 부엌의 아궁이 구조가 바뀌었다. 나무를 때지 않게 되면서 부엌은 연기와 냄새에서 해방되어 깨끗해졌다. 그러나 연탄 아궁이는 또 다른 불편함과 위험을 가지고 있었다.

연탄 아궁이는 크게 두 가지 종류가 있었는데, 부뚜막식과 함실식이 그것이다. 부뚜막식은 아궁이와 취사를 겸하는 것이고, 함실식은 레루식(레일식)이라고 불렀다. 연탄 화덕을 아궁이 속에서 깊숙이 밀어 넣어서 난방을 하는 방법이다. 취사를 위해서는 화덕을 꺼내야 했다. 이 두 가지 방법 가운데 어느

쪽이 방을 더 따뜻하게 하느냐를 놓고 의견이 분분하였다. 각 가정에서 주부들은 집안을 따뜻하게 하면서 또한 취사에도 불편함이 없어야 했기 때문에 아궁이 공사를 둘러싸고 신경을 곤두세우게 되었다. 주부들은 이웃들 사이에서 떠도는 정보를 얻고 시공업자를 잘 선택해야 하는 등 가족을 위해서 중요한 결정을 내리곤 했다.

연탄 아궁이.

그런가하면, 연탄은 타기 시작하면서 일산화탄소를 내는데, 인체에 매우 해로운 기체이다. 겨울이 되면, 의례히 연탄가스로 죽은 사람들에 대한 소식이 신문과 방송을 장식했다.

주부들은 매일 연탄가스와의 전쟁을 하는 셈이었다. 취침 전에는 연탄가스가 들어오는 가를 확인하는 작업을 한다. 연탄이 잘 타는 것을 확인한 후에 잠이 들어야 하거나, 아예 밤에는 연탄을 갈지 않도록 시간을 조절하였다. 그러면서 부엌에서 일하는 주부들 스스로는 연탄가스 만성중독증환자이기도 하였다. 늘 조금씩 새어나오는 일산화탄소가 부엌에 남아 있기 때문이었다. 상습적인 두통으로 시달리는 주부들에게 당시 진통제는 가정상비약이 되었다. 진통제의 대명사인 명랑, 뇌신이 그 당시 잘 팔려 나간 것도 이상한 일은 아니었다.

양은·스테인리스 식기의 사용

　부엌에서 연탄이 사용되면서 식기의 변화가 시작되었다. 부엌에서 새어 나오는 연탄가스 때문에 놋그릇을 더 이상 사용할 수 없었다. 여성들은 식기를 양은이나 스테인리스로 만든 것으로 바꾸었다. 정기적으로 닦아야 하는 등 관리에 신경이 많이 가는 놋그릇들이 고물장사를 통해서 팔려나갔다. 예전에 제사나 명절이 닥치면, 날을 잡아서 마당에 멍석을 깔고 여성들이 둘러앉아서 짚과 양잿물 그리고 모래를 이용하여 그릇을 깨끗하게 닦는 풍경이 사라지게 되었다.

　일제 말기 유기그릇의 공출이 시작되었을 때 집집마다 놋그릇을 감추기에 바빴다는 말은 옛날이야기가 되었다. "일본놈들이 총 같은 거 만든다고 다 가지고 갔다"라고 안명순 할머니(1930년생)는 기억을 더듬으면서 당시 집안의 어른들이 몰래 도랑 속에 놋그릇을 감추는 것을 보고 왜 그런지 궁금해서 어른들에게 물었다고 한다. 이런 수난을 받으면서도 옛 어른들은 놋그릇을 지켰는데, 생활의 여건이 변하게 되자 집집마

사기.

놋반상기.

다 놋그릇을 꺼내서 없애는 바람이 한차례 일고 지나갔다.

놋그릇은 자주 닦아야 하는 불편함도 있었지만, 옛 어른들이 놋그릇을 아꼈던 데에는 이유가 있었다. 미나리 같은 야채를 씻을 때 일부러 놋 양푼을 찾았고, 양푼이 없으면 작은 놋수저라도 넣어서 씻었다. 이는 놋그릇이 해충을 효과적으로 제거해 주기 때문이다. 이처럼 놋그릇은 해충을 제거하는 도구로도 쓰였고, 그런가하면 품위 있는 그릇으로 정평이 나있었다.

그래서 가난한 사람들은 값이 비싼 놋그릇을 사용할 수 없었다. 대신 '투가리'라고 부르는 값싼 옹기제품을 식기로 사용하였다. 일반 서민들도 세련미가 없는 '투가리'를 막그릇으로 쓰면서도 어른들의 밥주발은 놋그릇으로 장만하는 예는 갖추었다. 놋 밥주발은 여성용과 남성용이 따로 구분되어 있었을 정도로 품위가 있는 식기로 대접을 받았다. 동글동글한 모양의 옥바리 주발은 여성용이었고, 펑퍼짐한 모양의 연엽 주발은 남성용이었다.

이러한 놋그릇을 없애고, 가볍고 편리한 양은그릇으로 바꾸었던 것이다. 나라가 혼란에 빠지고 경제적으로 어려워지면서 부엌 살림살이도 다소 품위를 잃어버렸던 것은 사실이다. 다루기 쉽고, 언제든지 옮기기 쉬운 재료로 만들어진 식기들이 부엌에 들어왔다. 양은그릇의 경우는 놋그릇의 견고함과 비교하기 어려우리만큼 쉽게 찌그러들었다. 설거지를 하거나 부딪치면 원래의 모습을 쉽게 잃어서 식기로 사용하는데 품위가 없었다.

양은 그릇 시대를 뒤이어서 견고하고 다루기도 편리한 스테인리스 그릇이 유행하기 시작하였다. 스테인리스 그릇은 놋그릇과 양은그릇의 단점을 보완해 주었다. 이 같은 식기의 혁명은 여성들에게 주어진 가사노동의 일부를 크게 덜어줄 수 있었다. 스테인리스 그릇 제품은 지금까지도 주부들이 애용하고 있지만, 처음 나왔을 때는 가격이 비쌌다. 주부들은 스테인리스 냄비세트, '다라이' 세트(김장 같이 많은 음식을 장만할 때 필요함), 속이 깊은 곰통(곰국을 끓이는 솥) 등을 월부로 장만한다든가, 계를 만들어서 구입하였다. 그리고는 마치 보물이라도 얻은 듯 부엌의 찬장 위나 마루의 장식장 위에 전시를 해놓곤 했다.

가공음식의 대중화-왜간장과 화학 조미료의 등장

1950년 한국전쟁이후 피난민들이 남쪽으로 내려오고 또 농촌을 떠난 사람들이 서울을 비롯한 대도시로 몰려들었다. 이동 인구가 잦아지면서 식당이 많아졌고, 이북에서 내려온 피난민들이나 농촌을 떠난 사람들이 손쉽게 생계를 유지할 수 있는 방법은 시장이나 노점에서 음식을 파는 일이었다. 시장이나 사람들이 많이 모이는 곳이면 새 식당이 들어섰다. 함경도 사람이 하는 식당에서는 함경도의 특유의 음식이, 전라도 사람이 하는 식당에서는 고유한 전라도 음식이 나왔다. 이 때부터 각 지방의 독특한 음식 맛이 조금씩 섞이게 되었다. 값싼 식당이 생기면서 서민들도 큰 부담 없이 외식을 할 수 있게 되었다.

화학 조미료 선전.

한편, 미국의 원조물자, 불법 유통물자 덕분에 통조림과 같은 가공식품이 대량으로 남대문과 동대문 시장으로 흘러들어왔다. 부자들은 시장에서 손쉽게 '미제 식료품'을 사먹을 수 있었다. 당시 국내에서는 만들 수 없었던 육류 가공식품들, 소시지, 햄, 치즈, 분유와 같은 유제품, 초콜릿, 껌, 사탕, 과자 등도 잘 팔렸다. 밀가루도 원조물자로 대량 유입되어서 서민들은 수제비나 국수, 찐빵 등을 먹는 일이 많아졌다.

밀가루로 만든 음식들이 가정의 일상식으로 자리하였고, 그 외에도 설탕, 왜간장, 조미료 등이 사용되면서 한국인들의 입맛도 조금씩 바뀌기 시작하였다. 당시에 국내에서 제조하는 왜간장으로 대표적인 상품이 '닭표 간장'이었다. 일제시대부터 조금씩 소비되던 왜간장은 일본인들이 물러간 이후 대량생산체제를 갖추면서 소비가 늘었다.

주부들도 처음에는 '들큼한 맛'이라고 해서 거부반응을 보였으나 식당, 가공식품 등이 늘어나면서 사람들의 입맛도 변해서 어느 틈엔가 왜간장이 부엌 조리대에 자리를 차지하게 되었다. 집에서 메주를 쑤어서 담그는 간장-조선간장이라고 부름-의 자리를 왜간장이 차지해 버린 것이다.

미원으로 대표되는 화학 조미료도 왜간장처럼 부엌 속으로 깊숙이 들어오게 되었다. 처음에 주부들은 화학 조미료를 일본의 상품명인 '아지노모도'라고 불렀다. 음식의 맛에 액센트를 주는 목적으로 조미료를 사용하게 되었고, 특히 서민들은 이 조미료를 과다하게 사용하는 경우가 많았다. 고기, 멸치 등 식재료를 구하기 힘든 이들은 화학조미료를 사용해서 국물맛을 내었기 때문이다. 값싼 화학조미료를 국에 넣어서 고기나 멸치가 적게 들어간 국물 맛을 제대로 내고 싶어 했던 것이 서민가정의 주부들의 마음이었다. 그래서 화학조미료의 소비가 급증하게 된 것이다.[22]

신흥주택 주부들의 과도기적 입식부엌(1960년대)

준 입식부엌의 등장

1960년대는 급격한 도시화가 이루어지는 시기였다. 농촌을 떠나서 도시로 이주하는 인구가 크게 증가하면서 도시의 주택 문제가 심각해졌다. 서울의 경우가 가장 심했다. 서울에서는 주택 보급율을 높이고자 변두리에 속속 신흥주택단지를 만들기 시작하였다. 그리고는 공동주택인 아파트도 지었다. 1962년에 지어진 마포아파트는 대단위 현대식 아파트의 효시였다. 이러한 현대식 공동주택이 본격적으로 보급되는 것은 1970년대 이후의 일이었고 1960년대의 아파트는 일부의 계층에서만 선호하는 주거양식이었다.

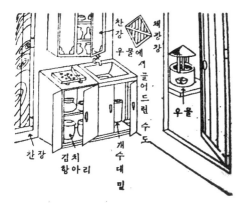
과도기적 입식부엌.

　대부분의 서민들의 주택구조는 1950년 후반 국민주택으로 지어진 구조와 그것을 모방한 형태가 대세를 이루었다. 부엌은 안방의 뒤쪽에 둠으로 해서 거실, 마루를 통해서 드나들 수 있었다. 주부들이 다니는 동선을 절약한다는 점은 있었으나 여전히 부엌의 바닥은 낮아서 주부들은 마루에서 문을 열고 부엌으로 오르내려야 했다. 식사도 부엌에서 밥상을 차린 다음에 안방이나 마루로 날랐다.

　1963년에 세워진 신흥주택의 난방은 여전히 개별난방 방식을 취하고 있었다. 방마다 연탄으로 난방을 하였기 때문에 여 잉들의 인기기는 晩ㅅ거갔나 추운 겨울 안방을 제외한 다른 방에 연탄을 갈기 위해서는 밖으로 나가야 했다.

　당시 신흥주택의 부엌에서 달라진 것은 절충식 입식부엌을 설치하기 시작하였다는 점이다. 절충식에서는 조리대를 높여서 주부들이 음식을 만드는 동안은 서서 일할 수 있도록 한

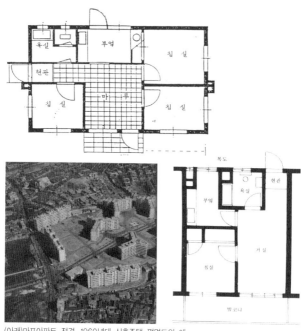

(아래)마포아파트 전경. 1960년대 신흥주택 평면도의 예

점이 특징이다. 그리고 절충식 입식부엌이 만들어지면서 부엌은 바야흐로 현대적인 공간으로 탈바꿈되어갔다. 일단 부엌에 수도를 놓는 공사를 하는 집이 조금씩 늘어났다. 수도가 부엌으로 들어오게 되면 주부들은 부엌일이 훨씬 수월해진다.

절충식 입식부엌이 집에 설치되었어도 당시 수도시설을 부엌에 설치할 수 있는 집은 많지 않았다. 서울시의 급수 보급률은 1963년에는 56%에 머물고 있었다.[23] 집안에 수도가 들어온 집이 과반수였다고 하더라도 부엌 안에 설치하는 일은 돈이 많이 들었기 때문이다. 그래서 여성들은 수돗가에서 식재료를 씻어서 부엌으로 나르고, 먹는 물은 부엌으로 길어 와서 사용하곤 했다.

1960년대 이후 부엌에 찬장을 들여놓는 것도 유행이 되었다. 그 전까지는 그릇을 선반에 얹어두고 쓰는 것이 보통이었다. 그러므로 찬장이 사용된 것은 부엌에서 커다란 변화 가운데 하나였다. 그릇이나 반찬을 넣어두는 수납용으로써 찬장이 들어오게 되자 부엌은 보다 깨끗해졌다.

찬장은 보통 조리대와 높이를 같도록 받침대를 만들어서 올려놓았다. 그렇게 함으로써 주부들은 그릇을 넣고 꺼낼 때에도 허리를 굽히고 펴야하는 수고를 면할 수 있었다. 찬장이 들어오면서 부엌은 더욱 위생시설을 보강하였다. 외형적으로도 청결하게 보이도록 부뚜막이나 바닥을 시멘트나 타일로 마감하는 집도 많아졌다.

분식의 장려와 라면

1960년 이후는 경제개발이 본격적으로 이루어지는 시기였다. 경제 부분만이 아니라 국민들의 일상생활에까지 정부는 깊숙이 개입하였다. 대표적인 예가 '식생활 개선' 운동을 적극적으로 펴기 시작하면서 분식과 혼식을 장려하게 되었다. 당시 쌀 생산이 부족하여 외국에서 수입하는 밀가루의 소비를 촉진하기 위한 정책이었다. 각 가정에서는 쌀밥만 먹지 말고

(좌)초기의 라면 광고.
(우)분식장려 포스터.

보리, 콩, 팥 등을 쌀과 혼합하여 먹도록 장려되었다. 정기적으로 밥을 먹지 않는 '무미일(無米日)'을 정하여 분식의 날로 정하여 밀가루 음식을 먹도록 권하기도 하였다.

이처럼 해마다 거듭되는 식량부족의 문제를 해결하기 위해 정부는 미국의 잉여농산물을 식량원조의 명목으로 대량으로 도입하였다. 값이 싼 밀가루가 들어오면서 제빵, 제과업이 발달하게 되었다. 정부에서는 밀가루 음식이 쌀보다 영양가가 높다고 하는 영영학 관련정보를 관공서, 대중언론매체, 학교 등을 통해서 널리 선전을 하였다.

당시를 기억하는 50대의 박양신씨는 "학교에서 도시락을 검사하였기 때문에 어머니가 새벽에 밥을 지을 때는 보리를 위에다 많이 올려서 지어야 했습니다. 우리 집은 할머니 할아버지가 계셨는데, 노인들에게 보리쌀이 깔깔하여서 입속에 잘 넘어가지 않으신다고 밥을 이중으로 지으셨지요."

당시에 식량은 여전히 부족했고 농촌에서는 보릿고개가 남아 있었다. 정부에서는 쌀의 소비를 줄임으로써 식량이 부족되지 않게 하려고 애를 썼다. 각 가정에서도 애국심을 가지고 이에 동조하는 분위기였다. 주부들도 식량 절약에 앞장서서 혼식과 분식을 실천하였다.

한편, 분식 장려로 인해서 밀가루 음식을 많이 먹게 되었지만, 여전히 식사를 간단한 서양식으로 대체하기는 힘들었다. 빵만 먹는 것이 서양식 식사가 아닐뿐더러 영양학적인 면에 있어서도 간편한 분식은 균형 있는 식사와는 거리가 멀었다. 더구나 육류나 유제품은 여전히 일반 서민들이 사먹기에는 비싼 식품이었으며, 한국인들의 입맛을 일시에 바꾸는 것도 어려웠다.

인스턴트 식품 가운데 가장 성공한 것은 라면이었다. 라면은 1963년 9월에 시판된 이래도 지금까지 한국인들에게는 없어서는 안 될 인스턴트 식품으로 사랑받고 있다. 라면이 대중화될 수 있었던 까닭은 사업자들이 한국인의 입맛을 소중히 생각했기 때문이었다. 일본에서 시작된 라면은 한국인의 입맛에 맞지 않았으나, 한국에서 라면제조 기술을 도입한 후 한국인의 식성에 맞도록 변형하여 만들었다는데 그 성공요인이 있다. 또한 주부들의 일손을 덜어줄 수 있었던 인스턴트 식품이라는 점에서도 호평을 받았다.

합성세제와 고무장갑

세탁과 세척에 필요한 새로운 화학세제가 처음 등장할 때

초기의 합성세제. 고무장갑 선전.

만 하여도 주부들의 반응은 그리 신통치 않았다. 식기 세척용
세제는 서양처럼 기름진 음식을 먹는 경우에는 그릇을 세척하
는데 큰 효과가 있다. 서양의 주부들은 기름기가 많은 음식이
식기에 남긴 것을 없애는 데 어려움이 많았다. 화학세제는 기
름기를 제거하는 면에서 단연 우수한 제품이었기에 서양의 주
부들에게는 화학세제가 긴요한 부엌의 위생용품으로 자리를
쉽게 잡을 수 있었다. 그러나 한국인의 음식에는 기름기가 적
었기 때문에 화학세제의 효능이 제대로 발휘되지 않았다. 가
격도 비싸서 주부들에게는 부담이 되었다.

대중매체를 통해 끊임없이 광고를 한 덕분에 주방용 합성
세제─퐁퐁이나 트리오로 대표됨─가 식기세척용으로 자리
를 잡았다. 또한 그 배경에는 한국인의 일상적인 식단에서도
기름진 음식이 점차 증가하였다는 사실도 빼놓을 수는 없다.

우리나라의 경우 세탁용 합성세제는 세탁기가 보편화되면
서부터 사용되기 시작하였다. 1958년 평화유지, 럭키, 애경유

지 등 유지회사에서 합성세제를 생산하였지만, 초기의 합성세제에 대한 인식이 사용자들에게 잘 전달되지 않아 보급에 어려움이 있었다.

그러다가 제품을 만든 업자들은 화학세제가 표백제의 역할을 한다고 선전을 하기 시작하였다. 그래서 마침내 소비를 일으킬 수 있었다. 빨래를 하얗게 만들기 위해서 삶아야 하는 일이 번거로웠고, 삶는 단계를 생략할 수 있다는 점을 주부들에게 강조하였다.

화학세제와 거의 동시에 부엌에 들어온 것이 고무장갑이다. 처음에 고무장갑은 방한용으로 사용되었다. 겨울에도 난방이나 더운 물이 나오지 않는 환경에서 집안일을 하는 주부들에게 고무장갑은 시린 손을 보호해줄 수 있었다. 아울러 화학세제의 사용이 늘면서 여성들은 손이 화학제품의 자극으로 보호되어야 함을 절실히 느끼게 되었다. 그리하여 퐁퐁, 트리오, 하이타이와 함께 고무장갑도 부엌에서 일하는 여성들의 필수품이 되었다.

중산층 주부들의 주방문화(1970년대)

아파트 생활과 희귀해진 식모

서울은 물론이고 중소도시의 중심지에도 아파트가 속속 건립되었다. 도시인들은 생활의 편리함을 내세워서 아파트를 선호하기 시작하였다. 특히 부동산 투자의 대상으로 아파트가 자리잡으면서 그 인기는 치솟았다.

아파트의 매력 가운데 하나가 현대화된 부엌생활을 할 수 있다는 것이다. 서민용 아파트에서는 좀 더 늦어지지만, 중산층용 아파트에서는 입식부엌이 설치되었다. 취사와 난방이 분리되고 급배수가 한군데 모아진 싱크대가 설치되었고, 식탁을 들여 놓을 수 있는 식당도 부엌 앞에 위치하였다. 마침내 부엌

1970년대 아파트의 평면도.

과 식당이 연장된 공간에 있도록 설계되었다.

부엌은 점차 거실과 가까워지면서 여성들이 부엌과 왕래하기가 편리해졌다. 1970년대의 주택에서는 부엌이라는 말 대신 주방이라는 단어가 사용되었다. 거실의 연장선에 부엌이 자리를 잡게 되면서 주방이라는 말을 선호하게 된 것이다. 부엌은 아무래도 구식이라는 이미지를 주는 단어이고 주방은 현대적인 이미지를 주는 말로 인식된다.

그동안 부엌은 다른 공간과 차단되고 가족들로부터 멀어져 있었던 반면, 입식부엌이 실내로 들어오면서 열린 공간이 되었다. 가족원들이 식탁에 앉아서 밥을 먹게 되고 거실이나 방으로부터 출입이 쉬워지면서 다른 가족원들도 모두 부엌 출입이 용이해졌다.

부엌의 이러한 변화는 다른 사회적인 요인과도 연결된다. 중산층 이상의 가정에서 주부들이 보조 여성 노동자 — 식모, 일하는 아줌마 등으로 불렀음 — 를 더 이상 고용하기 어렵게 되자 부엌개량을 절실하게 느끼게 되었다.

1950~1960년대에는 도시의 중산층 주부들은 부엌일을 전담하는 식모를 값싸게 고용하였다. 농어촌의 가난한 젊은 여성들이 도시 가정의 식모로 고용되면서 값싼 노동력을 제공하던 시대가 있었다. 이들이 부엌일을 도맡아 하고 집에 상주하므로 주부들은 실제로 부엌에서 허드레 일을 할 필요가 없었다.

그러나 1970년대가 되면 점차 이러한 노동자의 수가 감소하면서 주부들이 직접 부엌에서 일을 하게 되었다. 과거에는 부엌이 불편하더라도 실제로 일하는 사람들은 주부가 아니라 식모인 경우가 많았다. 중산층 주부들이 직접 그 불편함을 체험하지 못하는 경우도 있었다.

사정이 달라짐으로 해서 주부들은 부엌이 보다 편리한 구조와 설비 그리고 시설을 갖추는 방향으로 개선되기를 적극적으로 바라게 되었다. 그래서 단독주택보다는 부엌과 내부의 주거공간이 생활에 편리하도록 설계된 아파트가 주부들에게 큰 인기를 얻게 되었다.

현대식 부엌설비 : 싱크대

주택의 난방이 집중방식으로 바뀌면서 주택의 평면구성이 가능해졌다. 집중난방 방식은 보일러를 이용해서 온수로 방을 데우는 것이었다. 이제 부엌은 취사를 전담하는 공간으로 거듭났다. 부엌은 거실이나 방들과 평면으로 연결되면서 식당까지를 겸하는 공간이 되었다. 이러한 구조는 부엌이 가족들이 모이는 공간이 되도록 허락하였다. 여기에서 필수적인 것은 급배수 시설을 한군데로 모을 수 있는 싱크대의 설치였다. 싱크대를 갖춘 부엌은 명실공히 현대식 입식부엌으로 분류될 수 있다.

초기의 싱크대 광고.

국내에서 싱크대를 공장에서 대량 제작해서 판매하기 시작한 것은 1970년 이후이다. 초기에는 스테인리스 상판을 만드는 회사들이 거북표, 오리표, 백조표 등의 상표를 부착해서 개수대, 조리대 및 그릇수납장 등을 한 벌로 만들어서 팔았다.

이 부엌설비 시스템은 부엌일과 부엌의 환경을 크게 바꾸어 놓았다. 부엌은 실험실처럼 각종 그릇과 기구들, 양념들이 분류되어서 정리되었다. 깔끔하고 위생적이며 과학적인 부엌으로 탈바꿈할 수 있었다.

그런데 문제는 공장에서 생산되어 나온 싱크대들이 한국의 식기, 조리기 등을 효율적으로 보관할 수 있는 것은 아니었다. 접시를 주로 사용하는 외국의 싱크대를 모방해서 만들었기 때문에 주발, 솥, 큰 그릇 등을 많이 사용하는 한국 주부들에게는 초기의 싱크대는 비좁고 답답한 것이기도 했다. 큰 솥, 양푼, 냄비 등은 부득이 부엌 바깥으로 내보내야 했다.

부엌살림은 늘 이중구조를 유지할 수밖에 없었다. 주부들은 사용빈도에 상관없이 큰 그릇이나 조리기구들은 외부에 갖다 두고 사용했다. 그리고 부엌내부에는 작은 그릇과 조리기구로 채웠다. 그래도 서민 가정의 주부들에게는 멋진 싱크대가 달린 입식 부엌이 선망의 대상이었다.

냉장고와 가전제품의 발달

냉장고가 한국인의 가정에 필수품이 된 것은 1970년대 후반의 일이다. 1970년대 초까지만 하여도 냉장고는 가정의 사치품이었다. 1970년 중반 이후 냉장고를 구입하려는 가정이 급격하게 늘어났다. 냉장고를 사용하면서부터 주부들의 음식 장만 방법이 크게 바뀌었을 거라고 추측된다.

하지만 실제에 있어서는 냉장고와 주부들과의 탐색전과 적응기간은 의외로 길었다. 처음에 가정에 들어온 냉장고는 여름에 김치를 보관하는 저장고였다. 여름 김치를 자주 담가야 하는 주부들로서는 냉장고는 고마운 존재였다. 그러나 여름이 지나면 냉장고를 꺼버리고 이용하지 않는 여성들도 많았다.

1970년대만 해도 냉장고는 여름용 필수품이기는 해도 다른 계절에는 마루나 부엌을 장식하는 장식품이었다. 그때까지만 해도 주부들은 비싼 전기요금의 압박 때문에 전기제품을 자유롭게 이용할 수 없었다.

더구나 한국인의 식생활은 서양과 다르므로 서양인의 식생활에 맞도록 설계된 냉장고는 초기에는 부엌용품으로 그 기능을 충분히 발휘하지 못하였다. 싱싱한 채소와 생선 따위를 즐기는 한국인의 식습관은 냉장고에 오래 보관하거나 고기나 생선을 냉동시켜서 두고 녹여서 먹는 것에 익숙치 않았다. 또 도시의 주부들의 경우는, 시장과 가게가 근거리에 있어서 식재료를 쉽게 구할 수 있었다는 점이 냉장고의 이용율을 떨어뜨렸다.

농촌의 주부들은 텃밭에서 각종 야채를 키우고 있어서 냉장고의 활용이 더 떨어질 수밖에 없었다. 냉장고가 식재료를 보관하는 용도로 충분히 활용되기 시작한 것은 가공식품의 발달과 관련이 깊다.

위에서 지적한 바와 같이 가사노동의 조력자를 찾기 힘들어지면서 가전제품들이 주부들의 일손을 덜어주었다. 주부들은 세탁기, 전기밥솥, 전기 후라이팬, 믹서기 등을 경쟁적으로 구입하였다. 부엌이 현대화되면서 주부들은 그에 맞는 부엌살림도구와 가전제품을 본격적으로 장만하기 시작하였다. 값이 비싼 물건들은 이웃이나 친구들끼리 모여서 계를 조직하여서 하나, 둘씩 장만하였다.

이러한 물건들이 필수품이어서라기 보다는 새로운 것에 대한 호기심과 이웃집에 뒤지지 않으려는 주부들의 경쟁심도 작용하였다. 이 때가 바로 국가의 경제가 호전되면서 가계수입도 올라가고 중산층이 형성되기 시작한 시기였다. 새로운 중산층으로 올라선 주부들은 의식주의 일상생활에서 선진국형 소비문화를 선도하였다.

대형 수퍼마켓과 가공식품

도시의 주부들은 가족들의 식사를 마련하기 위해서 거의 매일 시장을 다녀야 했다. 시장이 멀면 동네마다 하나씩 있었던 구멍가게라도 들려서 매일 간단한 반찬거리를 사는 것이 일과였다. 이러한 모습은 도시에 아파트 단지가 형성되면서 변하기 시작했다.

아파트 단지가 세워지는 곳에는 중대형의 수퍼마켓이 반드시 들어서게 되었다. 수퍼마켓은 여러 종류의 식품부터 각종 생활필수품을 한 자리에 모아놓고 파는 곳이다. 초기 수퍼마켓은 주로 공산품을 팔았다. 신선한 식품보다는 가공식품이 많았다. 1970년 후반까지도 주부들에게는 신선한 식품은 시장에 가서 구입해야 한다고 생각하였다. 야채, 육류, 어류 등의

초기 소세지 커피 광고,
수퍼마켓. 사진.

신선도를 장기간 유지할 수 있는 유통체계가 덜 발달되었기 때문에 수퍼마켓에서 신선한 식품은 팔기 힘들었다.

수퍼마켓이 발달하면서 주부들이 손수 장만해야만 했던 각종 식품들이 공장에서 가공되어서 나오기 시작하였다. 많은 인스턴트식품들이 개발되는 시기였다. 초기에 주부들은 영양이나 위생적인 측면에서 인스턴트식품에 대해서 우려를 가지기도 했지만, 점차 간편하다는 이유로 해서 구입을 하게 되었다.

지금은 일상적인 음료가 된 커피가 가정에서 상용되기 시작한 것도 이 시기였다. 인스턴트 맥스웰 커피의 국내생산이 효시였다. 그 전까지는 가정에서 먹는 커피는 미군부대로부터 유출되어서 불법 유통되는 커피였다. 그 커피는 가격이 비싸서 일반 가정에서 부담 없이 사 먹기는 힘들었다. 한국인들이 일제시대부터 커피를 마셨지만, 일반 가정에서도 즐겨 마시는 기호음료가 된 것은 국내에서 커피가 시판된 이후였다. 그 전까지 주부들은 커피를 일상의 기호음료로 선택하지 않았다.

이 당시 식품 종목별로 보면 육류와 분식류, 가공식품류, 마가린 등의 '서구식 식품'에 대한 소비가 급격히 증가하여 "우리나라에도 서양풍(洋風化)의 생활이 오고 있다"고 평하는 이들도 있었다. 일상적인 식탁에 아이들이 좋아하는 별미로 소시지, 햄, 카레라이스, 돈까스가 자주 오르기 시작하였다.

주부들은 수퍼마켓에서 가공식품으로 파는 소시지, 햄 등을 구입하여 자녀들의 입맛을 당기게 해주었다. 육류가공식품이 많아지면서 주부들은 자녀들의 도시락반찬에 대한 걱정도 덜게 되었다.

새마을운동 이후 농어민들의 부엌(1980년대)

아궁이를 들어낸 농촌여성들

서울 및 대도시 중산층의 부엌이 현대화를 시작한 것보다 십년쯤 뒤에 가서야 농어촌마을에서도 부엌 개량이 시작되었다. 1980년대 이후가 되어서야 농어촌의 주택이 현대식으로 바뀌고 부엌도 변화하게 되었다.

부엌을 고치는 것을 두고 농촌에서는 '아궁이를 들어냈다' 라고 표현한다. '아궁이를 들어내다'라는 말은 상징적으로 '재래식 부엌을 고쳐서 입식부엌으로 만들었다'라는 뜻이다. 그래서 마을 여성들에게 '언제 부엌을 고치셨나요?'라고 질문하면 농어촌의 여성들은 '아궁이를 언제 들어냈느냐고?'라고 반

최근에도 사용하는 마당의 아궁이 시설. 현대
화된 부엌의 사진과 평면도, 석유곤로.

문한다. 아궁이를 들어내는 것이 곧 바로 현대식 부엌으로의
전환을 의미하는 것은 아니지만, 이러한 말을 사용하는 이유
가 있다. 이는 난방과 취사를 위한 연료가 획기적으로 변한 것
을 지적하는 말이고, 불을 피우고 재를 퍼내는 등 고된 일에서
벗어날 수 있었음을 은유적으로 표현하는 말이다.

대부분의 여성들이 나무나 지푸라기를 때다가 연탄이나 석
유를 때면서 편리해졌다고 말한다. 그러면서도 흥미로운 것은
집 밖에 아궁이를 만들어두고 있는 집들도 있다는 점이다. 농
어촌의 여성들은 음식을 많이 할 때 아궁이가 필요해서 난방
용이라기 보다는 조리용으로 마당 한 구석에 불을 때면서 조
리를 할 수 있도록 화덕을 유지하고 있다.

농어촌 여성들의 살림살이에서는 연탄은 그리 편리하거나

마음에 드는 연료는 아니었다. 돈이 많이 들었고, 또 연탄가스도 위험천만이었다. 연탄이 잘 꺼지기도 하고 연탄 위에다 솥을 걸고 밥을 짓는 시간이 월등 더 들었기 때문에 농사일을 마치고 밥을 지으려면 답답했다고 한다. 또 연탄불에 밥을 하면 아궁이에서 불을 때서 한 밥보다 맛이 없었다. 이런 이유로 해서 적극적으로 연탄을 사용하지 않는 사람들도 많았다. 나무채취가 금지된 이래로는 나무를 사다가 연료로 사용했고 석유곤로나 연탄화덕은 계절에 따라서 보조기구로 사용하는 경우도 있었다.

아궁이를 들어낸 농어촌 가옥에서는 난방은 석유보일러를 이용하여 집중난방이나 부분난방을 하기 시작하였다. 취사도 프로판가스가 널리 보급되면서 현대식 부엌의 형태와 기능을 갖추게 되었다.

농어촌의 여성들이 적극적으로 부엌개량에 나선 이유는 예전과는 달리 집안일을 할 때 조력자가 없어졌기 때문이었다. 과거에는 집안의 여성들-시어머니, 딸, 시집가기 전 시누-이 집안일을 함께 하였다. 또 나이가 들면 여성들은 자연스럽

아궁이를 들어내기 전.

싱크대를 설치하기 전.

게 일에서 해방될 수도 있었다. 며느리가 집안에 들어와서 안주인의 역할을 승계하였기 때문이다. 그러나 1970년대 이후 농어촌의 젊은이들이 교육, 직업 등을 이유로 해서 대거 도시로 이주해 나갔다. 각 가정마다 자녀들이 도시로 나가서 정착하였고, 나이가 들어가는 부모들만 남게 되었다.

자녀들의 도움을 받기 힘들어진 농어촌 여성들은 집안일을 보다 손쉽게 하는 방법으로 가옥을 고치고, 부엌을 현대화하며, 전기제품으로 일손을 대신하고자 했다. 또 자녀들도 여기에 도움을 주었다. 자신들이 직접 일을 돕지 못하는 대신 각종 가전제품을 구입하여서 부모들에게 보냈다. 특히 딸들이 그 역할을 많이 하였는데 어머니를 직접 도울 수 없는 상황에서 최소한의 도움을 주기 위한 배려였다.

이러한 상황을 알아차린 가전제품 회사들은 앞을 다투어서 명절이 되면 고향의 부모들에게 신제품을 선물하라고 부추겼다. 농어촌 가정으로 각종 가전제품들이 신속하게 보급될 수 있었던 이유 가운데 하나가 바로 여기에 있었다. 자녀들의 효도심과 죄의식을 동시에 자극하는 방법이 주효했던 것이다.

물항아리 자리에 싱크대 설치

농어촌의 부엌개량에서도 걸림돌이 되는 것은 아궁이 말고도 물을 부엌 안으로 끌어들이는 일이었다. 농어촌여성들이 '물항아리를 없앴다'라는 말도 물을 더 이상 길어다 먹지 않

물항아리가 묻혀있는 부엌의 사진.

았다는 뜻이다. 이는 여성들의 노동 강도가 크게 줄었음을 의
미한다.

과거에는 부엌의 한 쪽 구석에 있었던 물항아리를 채우는
일은 가족이 동원되어야 하는 일이었다. 샘물이나 우물에서
물을 긷는 일에 익숙해 있던 농어촌 여성들에게 수도꼭지를
틀면 물이 언제든지 나오는 부엌은 분명히 현대식 부엌의 이
미지이다.

농어촌 부엌의 현대화가 뒤늦어진 데에는 여러 가지 이유
가 있다. 새마을 운동은 지붕개량이나 도로를 새로 하는 일을
중심으로 전개되었을 뿐 정작 농촌여성들의 일손을 줄일 수
있는 구체적인 개선운동은 아니었다.

또 농어촌에서는 종래의 가옥을 완전히 헐고 신축을 하지
않고는 현대식 부엌설비를 들여 놓을 수 없었다. 현대식 입식
부엌을 마련하기 위해서는 농어민들은 집을 아예 신축하거나 아
니면 큰 공사를 필요로 했다. 왜냐하면 취사와 난방용 연료를
전환하여야 하고 또 급수와 배수시설을 부엌내부로 끌어들여
야 하는 등의 신기술이 필요했다.

도시에서도 외견상 현대식 주택이라고 불러도 부엌이 여전

히 재래식 부엌의 형태와 구조를 갖출 수밖에 없었던 가장 큰 이유도 바로 이렇게 값비싼 기술과 설비 때문이었다. 급배수관 설치를 위한 공사비용은 보통의 농어민들이 감당하기 힘든 액수였다. 그러나 1980년대를 지내면서 각 가정의 경제가 조금씩 개선되고 정부로부터의 주택개량 보조금도 나오게 되면서 부엌개량의 의지를 가진 사람들이 증가하였다.

김제 광활지역에 사는 이춘복(1932년생)의 집은 원래 1930년대 지어진 세 칸짜리 서민가옥이었다. 그 후 집을 여러 번 개축하여 살았다. 그러나 개축만 해가지고는 급배수시설을 갖춘 입식부엌을 들이기 힘들었다. 자녀들은 모두 분가하였고, 나이가 들어가는 부인의 건강을 위해서 집을 새로 지어야 했다. 신축된 집의 내부는 도시의 아파트 구조를 모델로 하였다. 남성들도 마찬가지이지만 은퇴할 나이가 된 여성들도 여전히 농사일과 집안일을 동시에 해야 한다. 이러한 상황에서 여성들은 현대의 기술에 의존함으로 해서 일손을 덜 수 있었다. 물항아리를 없애고 싱크대를 설치하고, 아궁이를 없애고 가스레인지를 이용해서 밥을 하는 방법이 채택된 것이다.

전기제품과 그 선택적 사용

마을마다 가정마다 차이가 있지만, 냉장고가 농어촌 가정에 널리 보급되기 시작한 것은 1970년대 후반이었다. 전국적인 추세로 보아서 냉장고가 필수품이 된 것이 1975년 이후이므로 농어촌 사람들이 냉장고를 사용하기 시작한 것도 비슷한 때라고 볼 수 있다.

국내에서 처음으로 냉장고를 생산한 것이 1965년(금성사)이었고 1970년대 초까지만 하여도 냉장고는 가정의 사치품이었다. 부유층에서만 소비할 수 있는 가전제품이었으나 한국의 경제가 호전되는 것과 짝하여서 1970년대 후반에 이르러서는 가정의 필수품이 되었다.

앞서도 지적하였듯이 냉장고를 구입하고 나서도 주부들은 냉장고를 잘 활용하지는 않았다. 특히 농어촌의 여성들의 경우는 더 심했다. 전기요금도 비쌌고, 식생활을 굳이 바꾸어야 할 필요가 없기 때문이었다. 농어촌의 주부들이 냉장고를 활발하게 이용하기까지는 의외로 긴 시간이 걸렸다.

처음에 가정에 들어온 냉장고는 여름에 김치를 보관하는 정도의 기능을 할 뿐이었다. 당시 농어촌의 가옥구조로는 냉장고는 마루에 두어야 했고, 여름이 지나면 냉장고를 꺼두는 일이 많았다. 농어촌 사람들은 비싼 전기료를 내면서 겨울철까지 냉장고를 쓸 필요가 없다고 생각했다.

전기밥솥의 경우는 농촌에서는 가장 뒤늦게 사용된 전기제품이다. 도시에서는 제일 먼저 사용된 가전제품으로 꼽히는데 반해서 전기밥솥이 농어촌 주부들에게는 가장 뒤늦게 이용되었다는 점은 흥미롭다.

송귀례씨(김제 광활 거주)는 전기밥솥을 뒤늦게 사용한 이유를 다음과 같이 설명하였다. 밥은 솥(아궁이에 거는 솥)에다 해야 맛이 있어서였다. 그리고 밥맛이 중요한데, 전기밥솥의 밥은 맛이 없다는 것이다. 송씨는 딸이 사다준 전기밥솥을 마루의 찬장 위에 올려놓고 사용하지 않다가 집을 신축하고 부엌을 완전히 개조한 뒤에서야 사용하게 되었다. 아궁이가 없어져서 밥을 할 수 없었고, 또 이제는 그 기구의 편리함을 알게 되었다고 한다.

편하게 사는 방법의 다양함

농어촌에는 현재 옛날 집의 일부를 개조해서 사는 경우가 있고, 옛집을 허물고 신축한 경우가 있다. 새집들은 도시의 중산층 가옥과 별 차이 없이 외장과 내부공사를 하였다. 특히 부엌을 현대식으로 고쳐서 여성들이 일하는데 편리하도록 하였다. 보수한 집의 내부도 부엌은 모두 입식으로 개조를 하였다. 마을의 여성들이 생각하는 현대식 부엌은 입식부엌을 의미한다. 그리고 그 곳에는 싱크대와 가스레인지가 설치되어 있는 곳이다. 즉, 부엌 안에서 수도와 난방과 취사연료의 변화를 의미하는 것이다.

여성들은 입식부엌에서 생활하면서 부엌일이 크게 줄어들었고 편리해졌다고 말한다. 이들이 새로운 부엌 구조를 정하고 시설과 설비를 할 때 자신을 포함해서 가족들에게 맞는 방법을 찾아간다는 것을 인식하는 것은 흥미롭다. 물론 이 선택과정에 가장 큰 장애가 되는 것은 경제적 여건이다. 돈이 없어

편하게 사는 법.

서 부엌을 개조하지 못하는 경우가 대부분이기 때문이다.

그런데 부엌을 개량하는 경우 이들에게 우선시 되는 것은 '편하게' 사는 방법을 찾는다는 점이다. 도시 주부들은 특별한 경우를 제외하고는 아파트나 단독주택을 건설하는 사람들이 제공하는 구조와 설비에 적응해 온 셈이다. 반면에 농어촌의 주부들은 불편한 것을 없애가면서 필요한 것을 선택하는 방법으로 자신이 일하는 공간을 개조해왔다.

예를 들면, 좌식생활이 편한 남편과 시부모를 위해서 식탁을 부엌에 들여놓지 않는 경우도 많다. 또 식탁은 있지만, 잘 사용하지 않는 경우도 있다. 가스레인지에서 밥을 하면서도 밖에는 여전히 아궁이, 화덕을 두고 사용하기도 한다. 싱크대에서는 간단한 조리나 설거지를 할 수 있지만, 김치나 장, 젓갈을 담글 때는 마당의 수돗가가 더 편리한 작업공간이 된다. 그래서 농어촌의 여성들은 획일적이고 표준화된 개조방식이 아니라 자신들의 생활여건에 맞는 편하게 사는 방법을 선택하는 것이다.

신세대 주부들의 '시스템 키친'(1990년대 이후)

고급화된 부엌 설비

여성평등의식의 고취와 함께 1980년대에는 주부들의 가사노동에 대한 문제가 본격적으로 논의되기 시작하였다. 한국방송공사에서 실시한 국민생활시간조사에서도 나타난 바와 같이 도시 가정주부들의 가사노동시간은 20여 년 전과 비교하여 크게 변화하지 않았다. 전체시간은 줄지 않았지만, 의생활 관련 가사시간이 점차 줄어들고 가족관리 시간은 증가하였다. 예나 지금이나 주부들이 가장 많은 시간을 투자하는 것은 식생활이었다.

편리해진 부엌과 가공식품이 증가했음에도 불구하고 최근

시스템 키친 사진.

까지도 여전히 주부들은 가사노동시간의 대부분을 부엌에서 보내는 것으로 나타났다. 그러다보니 주부들이 부엌에 대해 갖는 관심이 클 수밖에 없다. 더욱 편리하게 가사 노동을 하고 싶어하는 주부들의 바램이 더 좋은 부엌설비를 갖추고, 더 앞선 기술의 가전제품을 소비하고 싶은 욕구로 나타났다.

일찍이 주부들의 역할과 일의 특성을 잘 파악한 부엌가구 제조업자들과 가전제품 제조업자들은 고급한 제품을 만들어서 주부들에게 다가갔다. 고급한 설비와 시설이 부엌에 갖추어지면서 우리는 스스로 '부엌'이란 단어를 자제하게 되었다. 1970년대부터는 주방이라는 단어를 사용하다가 최근 고급화된 부엌을 보고는 다시 차별화된 용어를 찾게 되었다. 일각에서는 '시스템 키친'이라고도 부르고 있다.

초현대식 기술이 구현되는 장소인 고급부엌은 다른 말로 불러야 할 만큼 부엌이 가지고 있는 상징적 의미도 변해간다. 최근의 부엌은 단지 조리공간이 아니라 과학과 예술이 만나서 기능과 미를 추구하는 장소가 되었다. 신세대주부들이 이상적으로 생각하는 부엌에는 디지털냉장고, 식기세척기 등 각종 초현대식 테크놀로지를 이용한 제품이 설치되어야 함은 물론이고 고급한 내상형 가구들로 아름답게 꾸며져야 한다. 부엌의 실내장식도 중요한 요소가 되었다. 따라서 과학과 위생이 중시되던 1980년대를 지나서 1990년대가 되면 부엌은 예술성이 추가되는 공간으로 변화한다.

과학적이고 아름다운 부엌공간에서 일을 하면 더 이상의 불편함이나 불만은 사라질 것 같았다. 그럼에도 불구하고 초현대식 부엌도 많은 문제가 있음을 알게 되었다. 무엇보다도 가족들이나 주부들이 초현대식 설비를 갖추고도 부엌을 이용하는 시간이 날로 준다는 점이다. 외식하는 횟수가 늘고, 가공식품이 발달하는 것도 그 원인 가운데 하나이다.

또 한국인의 식생활의 특성을 고려할 사이 없이 부엌공간을 차지하게 된 각종 전자제품, 조리기구들의 활용가치도 떨어지고 있다. 전자렌지가 한국음식을 조리하기에 그리 효용성이 있는 제품이 아닌데도 불구하고 현대식 부엌에는 빠져서는 안 되는 장식품이 되었다. 전자렌지는 냉동음식을 녹이는 정도로 활용되거나 아니면 인스턴트 식품을 조리하는데 이용되는 정도이다.

식기세척기도 마찬가지다. 한국의 식기는 접시보다는 대접류가 더 많고, 큰 그릇이 많기 때문에 서양의 식기세척기는 오히려 사용상 불편한 점이 많다. 서양 사람들은 주로 접시와 컵을 많이 사용하기 때문에 식기세척기 역시 접시와 컵을 많이 놓을 수 있도록 설계되었다. 한국의 전자제품회사에서는 서양식 식기세척기의 불편한 점을 고쳐서 한국형 식기세척기를 만들어 냈다. 그래서 '시스템 키친' 안에 부착시키기는 했지만 그 이용도는 여전히 서양의 가정과 비교해서 떨어진다. 주부들은 매 식사 때마다 식기세척기를 돌려야 할지 아니면 한번 돌려야 할 식기가 쌓일 때까지 기다려야 할지 망설이게 된다. 그러다보니 설거지통 속에 쌓여있는 그릇들을 그대로 방치할 수 없는 주부들은 식기세척기보다는 손으로 신속하게 식사를 마무리하게 된다.

오븐기도 한국음식을 조리할 때 그 활용도가 떨어진다는 것을 알았지만, 초현대식 테크놀로지의 이용을 충분히 보여준다는 차원에서 현대식 주방에는 가스오븐을 장착하는 것이 필수적이다. 빵을 굽고, 쇠고기, 닭고기를 덩어리 채 굽는 서양요리에 필수적인 것이 오븐기이다. 고기나 생선을 요리할 때 찜이나 구이를 선호하는 한국인의 식단을 마련하기 위해서는 그다지 유용한 요리기구라고 할 수 없다. 그래서 아직까지도 오븐이 달려있는 가스레인지를 쓰는 집보다는 오븐이 없는 단순한 기능의 가스레인지가 더 일반적으로 사용되고 있는 것이 현실이나.

이렇게 실용성은 떨어지지만, 현대성을 갖추는 데는 필수적인 요리기구, 부엌가구들이 장식되어 있는 부엌을 '시스템 키친'이라고 부르기 시작했다. 주방이라는 단어가 주는 이미지보다 한층 더 세련되게 들리는 이 '시스템 키친'은 최근 새로

건축되는 아파트나 단독주택의 부엌을 하나의 상품처럼 만들어내는 데 일조를 하고 있다.

가족단위의 외식행사

1980년대 이후 도시중산층 가정의 부엌에는 냉장고, 가스레인지와 같은 기본적인 가전제품과 전자렌지, 오븐기, 토스터, 커피머신, 식기세척기와 같은 각종 서양식 요리기구와 설비들도 들어왔다. 부엌의 외관만이 변했을 뿐만 아니라 식품의 소비성향에서도 현대적인 특성이 드러나기 시작했다. 육류와 유제품의 소비가 늘어서 유아와 청소년들의 발육과 영양상태가 호전되었다. 반대로 어른들은 비만과 성인병에 대한 경고를 받게 되었다. 과거 식물성을 주로 먹던 시대를 그리워하게 되었다.

그런가 하면, 외식이 급격하게 늘어난 것도 음식문화의 현대화과정에서 빠뜨릴 수 없는 특징으로 꼽을 수 있다. 특히 1980년대에 들어오면서 요식업의 발달이 현저해졌고, 외식의 기회도 점차 늘어나게 되었다. 특히 가족단위로 외식을 하는 경향이 눈에 띄게 증가한 것이다. 주말이면 도시 근교에 위치한 유명한 갈비집, 생선회집, 별미집이 가족 단위의 손님들로 문전성시를 이룬다. 외식이 증가하면서 주부들의 가사노동은 덜어지지만, 가계에 부담을 주게 되었다.

1980년대 후반에는 외국에서 들어온 패스트푸드점과 패밀리 레스토랑이 문을 열면서 도시의 중산층들의 발길이 잦아졌다. 서울의 경우에는 종로, 압구정동 등에 맥도날드 햄버거점이 문을 열었고, 강남을 중심으로 외국의 체인음식점들이 속속 들어왔다. 햄버거는 원래 미국에서는 패스트푸드의 대명사로 값싼 음식이다. 그러나 한국에 들어오면서 간편식으로만이 아니라 서양음식이라는 이국적인 이미지를 함께 지니게 되면서, 패스트푸드점은 청소년들이 자주 이용하는 명소가 되었다.

외국에서는 값이 비교적 저렴하고 아이들을 데려갈 수 있는 곳이어서 '패밀리 레스토랑'이라고 부르는 음식점들이 프랜차이즈 형태로 한국에 도입되었다. 이 식당들은 고급한 외국음식점으로 격상되어 한국에 자리를 잡기 시작하였다. 이 음식점들은 한국인들에게는 '별미'의 기회를 주었으며 서양음식을 통해서 서양문화를 접할 수 있다는 기분도 느낄 수 있는 장소이기도 하다. 중산층 주부들이 음식장만의 부담에서 벗어나서 주말의 여유로움을 즐길 수 있는 시간에 찾아가는 곳이기도 하다. 또 이 음식점들은 호텔이나 전문 고급 서양음식점만큼은 비싼 곳이 아니어서 가족들끼리 이색적인 분위기를 맛볼 수 있는 장소로 이용되기도 한다.

의례와 의례음식의 변화

외식산업이 발달하면서 주부들이 가족행사를 더 이상 집에서 치르지 않게 된 것도 최근에 일어난 변화이다. 돌, 생일, 회갑 등 각종 집안잔치나 모임을 식당에서 치르는 가정이 많아졌다. 바깥으로 나가 치르는 가족행사는 주부들의 수고를 크게 덜어주었다. 잔치가 열리기 며칠 전부터 부엌에서 음식장만을 해야 하고 또 잔치가 끝나면 설거지, 음식물 처리, 부엌 정리 등을 해야 하는 수고를 면하도록 해 주었다.

전통적인 통과의례를 치르는 방법 중 하나로, 아기들이 첫 돌을 맞으면 백설기, 수수경단 등 돌떡을 만들고, 상을 차려서 동네사람들을 초대했다. 아파트 생활이 자리를 잡으면서 이러한 동네잔치는 줄어들고, 더구나 돌떡을 돌리고 그 접시에 쌀, 실과 돈을 얹어서 아기의 미래를 위한 축원을 담아서 접시를 돌려보내는 풍습은 사라졌다.

뷔페식당이 유행하면서 아기들의 돌잔치나 백일잔치도 뷔페식당을 이용하게 되었다. 그리고 돌 지난 아이들의 생일잔치도 대체로는 햄버거 식당이거나 피자집 등, 아이들이 좋아하는 음식점으로 자리를 옮겼다. 예전 생일날 먹던 미역국, 고기 반찬, 생일 떡 대신에 아이들이 좋아하는 햄버거, 피자, 케익을 먹는 것이 더 보편적인 현상이 되었다.

반면, 어른들의 생일은 아직도 집에서 치르기도 한다. 가까운 가족, 친척을 부르고 때로는 이웃을 초대하여 어른들의 생신을 축하하기도 한다. 그러나 이제는 이름이 붙어 있는 큰 생일은 식당에서 하는 것으로 대세가 기울고 있다. 회갑연, 칠순연 등은 이미 1980년대부터 음식점이나 뷔페식당을 빌려서 잔치를 크게 해왔다.

주부들에게 가장 힘든 일 가운데 하나는 제사와 명절을 치르는 일이다. 다른 의례나 행사는 외부에서 할 수 있도록 상업화되었지만, 제사나 명절에는 아직도 부엌에서 음식을 장만하고 있다. 단, 제사를 지내는 의식이 많이 간소화되었고 음식 또한 간소화되어서 주부들의 힘이 줄었다. 그리고 최근에는 제사에 쓰이는 각종 음식이 상품화되어가고 있다. 제사음식을 주문판매하는 업체들도 속속 늘고 있다.

제사를 지내는 방법이 다양화되는 것은 과거 유교의 전통적인 절차와 상차림을 고집하는 것으로부터 어느 정도는 융통성을 가지는 방향으로 나아가는 것을 말한다. 과거처럼 형식을 존중하는 데에서 내용을 더 생각하는 방향이 되었다는 뜻도 된다. 돌아가신 분이 평소 좋아하던 음식을 중심으로 상을 차리는 경우도 있고, 구하기 힘들거나 특정한 계절에 찾기 힘든 자료 대신에 손쉽게 구할 수 있는 것으로 바꾸는 융통성도 보이고 있다.

유교식을 고집하는 대신에 다른 종교에서는 각기 한국의 문화가 중시하는 조상숭배를 존중하는 방향에서 절충을 모색하여왔다. 천주교에서는 유교식 제사도 받아들이고, 기독교에서는 추도예배라는 이름으로 조상숭배의 절차를 다양하게 마련하고 있다.

김치, 간장, 된장의 상품화

2000년을 기준으로 해서 한국의 주택에서 공동주택이 차지하는 비율은 62.9%이다. 아파트만을 놓고 본다면 47.8%이다. 아파트에 거주하는 인구가 거의 반을 차지하고 있다. 1980년대 이후 아파트의 보급율이 꾸준히 증가하면서 아파트 생활양식이 중요하게 자리를 잡아온 것도 사실이다. 부엌살림의 예를 들면, 아파트는 장독이나 헛간 등이 없어서 음식을 저장하기 힘들기 때문에 아파트에 사는 인구가 증가하면서 저장음식이 빠르게 가공 식품화되었다. 한국인들의 음식에서 중요한 간장, 된장, 고추장 등이 대량생산체제를 갖추어서 시장 상품으로 등장하게 된 것이다.

초기의 아파트주부들은 집에서 장을 담그기 힘들었어도 시장이나 수퍼마켓에서 사먹는 것을 꺼렸다. 시골에 부모님들이 된장과 고추장을 담가서 우송하는 사람들은 운이 좋은 경우였다. 아니면 친지나 이웃에게 부탁해서 농촌에서 여성들이 손수 담근 것을 구입해서 먹었다. 간장, 된장을 사먹는 것은 왠지 꺼림칙했고, 주부로서의 자질을 의심받는 것이었다. 또 집안의 음식 맛을 떨어뜨리는 일로 여기기도 했다. 그러나 이러한 인식이 깨어지기 시작한 것은 1990년대를 보내면서부터이다. 이제는 마지막 보루였던 김치도 빠르게 상품화되어가고 있다.

최근까지도 주부들은 김치를 사먹는 것을 꺼리면서 김치만큼은 집안에서 손수 담가야 한다고 생각하였다. 이러한 인식이 김치의 대량생산화를 늦추는 하나의 요인이 되었다. 88서울 올림픽을 계기로 한국은 김치를 대표적인 민족음식(ethnic food)으로 내세웠고, 이에 따라 김치의 대량생산이 본격화되었다. 김치를 제조하는 회사들도 연구를 거듭해서 맛을 개선하였다. 사먹는 김치도 괜찮다는 인식이 주부들 사이에 퍼지면서 김치의 상품화가 성공하고 있다. 이제 부엌에서 김치를 담그는 일이 점차 줄어들고 있다. 신세대 주부들에게는 가장 힘든 일 가운데 하나였던 '김치 담그기'를 공장의 기계들이 대신하게 된 것이다.

현대화된 부엌이 의미하는 것

현대 부엌생활의 이미지 가운데 두드러지는 것 중에는 남편이 가사노동을 분담한다는 것이 포함되었다. 한 부엌가구회사의 광고 문안을 예로 들어보기로 하자. "아내는 절 위해 차를 바꾸자고 했고, 저는 아내를 위해 부엌을 바꿨습니다. 소중한 아내의 행복을 위해…."[24] 아내에게 과중된 가사노동을 안타까워하는 남편의 상이 현대적 가정의 아름다운 모습으로 등장하였다. 신문, TV광고는 아내를 위해 설거지를 하고, 빨래를 하는 남편들의 모습을 널리 선전하였다. 이상적인 현대적인 남편은 서구의 남편들처럼 부엌일에도 적극적으로 참여하여야 한다는 담론을 만들어냈다.

가사노동을 부부가 분담해야 한다는 논의는 비단 상품광고의 영향만은 아니다. 꾸준하게 노력해 온 여성운동의 결과 평등의식이 고취되었다는 점을 들 수 있다. 위에서도 잠시 언급한 바와 같이 1980년대에는 주부들의 가사노동이 제대로 평가받기 위한 연구도 활발하게 진행되었다.

1988년 서울시에 거주하는 477명의 가정주부를 대상으로 가정노동의 가치를 평가하여 발표한 자료가 있다. 전업주부의 가사노동의 가치를 여러 가지 면에서 측정한 것이다. 요구임금에 의한 가치는 729,201원이고, 전문가 대체 비용법에 의한 가치는 538,438원이었다. 기회용법에 의한 가치는 529,941원, 주관적 평가방법에 의한 가치는 502,391원, 그리고 총합적 대체비용법에 의한 가치는 420,469원이었다.[25]

가정학이나 여성학에서도 가사노동에 대한 연구가 활발해졌고, 이러한 연구를 통해서 가정주부들의 가사노동이 과중하다는 사실이 공론화되었다. 남편의 가사분담이 적극적으로 이야기되고, 사회적인 이슈로 자주 거론되기 시작하였다.

그러나 실제로 남편의 가사분담은 실천되기 어려운 대목이 많았다. 직장에서의 과중한 업무, 남녀의 취업불균형, 사회화 과정에서의 남녀의 역할인식 따위가 남편을 부엌으로 끌어내기 힘들었다. 남편들만이 아니라 학교에 다니는 자녀들과 함께 식사를 하거나 뒤처리를 하는 것도 어렵기는 마찬가지이다.

이러한 현실을 감안할 겨를도 없이 현대의 부엌은 상품의 광고에서나 이론적 논의에서나 남편을 부엌으로 끌어들이기 위해서 그리고 주부들의 가사노동을 줄이기 위해서 더욱 편리해져야 한다고 소리를 높이게 되었다. 그리고 나아가서는 온 가족이 모여서 대화할 수 있는 곳으로 꾸며져야 한다는 것이 명제가 되었다.

부엌가구나 부엌용품을 만들어내는 사람들은 부엌이 이제 더 이상 요리만 하는 곳은 아니라고 말한다. "때로는 주부의 사무실로, 때로는 온 가족이 함께 모여 휴식과 대화의 공간으로 변모한 주방, 이제 주방은 집안 어느 공간보다 아름답고 깔끔하게 꾸며져야 하며, 주부의 일손을 덜어줄 수 있도록 합리적이고 기능적으로 설계되어야 한다"[26]고 말한다.

그러나 사실 주부들의 부엌생활을 행복하고 편리하게 만들기 위해서는 부엌의 시설과 요리 기구를 개선하는 일만 중요한 것이 아니다. 더 중요한 것은 식생활을 간편하게 하는 것과 다른 생활도 함께 바뀌어야 하는 것이다. 이 두 가지 점에 대해서 좀 더 살펴볼 필요가 있다.

먼저, 우리들의 식탁을 유심히 바라보면, 식생활의 문제가 조금씩 나타난다. 특별식이나 손님을 위한 식탁이 아니라 일상적으로 먹는 음식인데도 반찬의 가지 수가 의외로 많다. 또 반찬이나 국 등의 조리방법이 까다롭고 복잡하며 시간이 오래 걸리는 음식들이 많다. 그러다보니 주부가 아닌 다른 가족이 음식을 스스로 만들어 쉽게 떼어 들기는 힘들다.

우리의 일상식이 복잡하기도 하려니와, 정성이 담긴 음식을 기대하는 가족들의 은근한 압력도 주부들에게는 큰 부담이 아닐 수 없다. 남편이나 자녀들이 정성이 깃들어야 먹을 맛도 나고 실제로 맛도 있다고 말한다면, 그것을 무시할 수 있는 주부들이 얼마나 있을까. 그래서 주부들은 편리함보다는 '정성껏'이라는 길을 선택하게 된다.

둘째로 가족이 모여서 쉬고 대화할 수 있는 행복한 공간으로서 현대의 부엌이 되기 위해서는 또 다르게 선결해야 할 문제가 있다. 즉, 다른 생활도 함께 변화되어야 한다는 것이다. 주부들이 '시스템 키친'을 설치함으로써 부엌이 저절로 가족들이 모이는 공간이 되는 것은 아니다. 남편들의 회사업무가 줄어들어서 일정시간에 퇴근할 수 있어야 하며, 아이들도 과중한 학업에서 어느 정도는 벗어나야만 한다. 그래야만 초현대식 부엌설비와 아름다운 실내장식으로 완성된 부엌공간에, 저녁이 되면 온 가족이 모여서 함께 식사를 하고 대화를 할수 있게 되는 것이다. 저녁시간이 되어도 여전히 직원을 붙잡아두는 회사, 자율학습, 과외공부를 하지 않으면 따라갈 수 없는 학교 교육 등이 바뀌지 않으면 부엌 공간은 여전히 주부들의 일터일 뿐이고 공허한 공간으로 남아있을 것이다.

위에서 지적한 사회, 교육문제들은 부엌생활을 논의할 때 무관한 것으로 생각하게 된다. 그러나 가족들이 모여서 식사를 함께 만들어 먹고, 치우고 하기 위해서는 무엇보다도 가족이 함께 모일 수 있는 여건이 마련되어야 하는 것은 당연하다. 현대화된 부엌이 의미하는 것이 단지 기술적 발전과 예술적 진보에 있는 것이 아니라는 점은 분명하다.

백년을 달려온 부엌

한국의 부엌은 지난 20세기의 근대화·산업화 과정을 거치면서 많은 변화를 해왔다. 그 공간의 구조뿐만이 아니라 식생활과 주생활이 변하면서 부엌의 기능도 달라졌다. 결과적으로 한국인들이 가지고 있었던 부엌에 대한 인식이 크게 변화하였다.

조리와 난방을 중심으로 다양한 기능을 하던 한국의 전통 가옥의 부엌이 21세기에는 과학과 예술이 조화를 이루고 가족들의 휴식의 공간으로 바뀌게 되었다.

한국의 전통적 식생활에서는 음식을 준비하기 위해서는 넓은 공간을 필요로 하였다. 따라서 부엌은 언제라도 넓은 공간이 필요할 경우에는 마당이나 방 그리고 마루로 확장될 수 있었다.

다시 말하면, 과거의 가옥에서는 양반이나 서민가옥을 막론하고 전 집안이 부엌이라고 하여도 과장된 표현은 아니었다. 이는 가옥 안에서 공간의 기능이 엄격하게 구분된 것은 아니었다는 뜻이다. 가족이나 하인들이 마당이나 부속건물에서 자연스럽게 분업과 협업을 할 수 있었다.

그러나 근현대로 넘어올수록 부엌일은 여성이 단독으로 해야 하는 일로 바뀌어갔다. 특히 도시 가옥에서는 각 공간의 기능적 구분이 점차 뚜렷해져서 서로의 침범을 어렵게 만들기 때문에 가족원들의 자연스러운 공동노동이 거의 이루어지지 않게 되었다.

지금까지 살핀 바와 같이 지난 100년 동안 한국의 부엌은 과학기술과 상업주의에 힘입어서 현대화를 향해서 변화를 거듭해 왔음을 알 수 있었다. 그 결과 도시에서는 물론이고 농어촌에서도 전통가옥의 부엌을 그대로 유지하고 있는 주택을 찾기 힘들게 되었다. 마을마다 주택신축과 개축이 한창이어서 현대식 구조를 갖춘 주택이 속속 들어서고 있다.

도시에는 공동주택인 아파트가 단독주택의 점유율을 앞지르면서 현대식 주생활에 더욱 박차를 가하고 있다. 이러한 변화 속에서 우리는 잠시 주택의 현대화란 무엇을 의미하는 것일까를 잠시 생각해볼 필요가 있다.

간략하게 말한다면, 한국에서 주생활의 현대화는 서구화를 의미한다고 본다. 서구가 이룩한 현대의 주거양식을 모델로 하여 한국의 주거양식도 변화를 거듭해 왔다. 부엌의 경우도 예외는 아니다. 각종 과학기술의 발달이 부엌의 물리적인 구조와 여성의 부엌일의 성격을 변화시켰다. 그럼에도 불구하고 지금까지 살핀 바에 의하면 실제로 일어난 부엌의 현대화가 서구의 것을 그대로 모방하여 이룩된 것은 아니라는 사실을 알게 되었다.

한국인들이 전통적인 주거문화와 음식문화를 일방적으로 버리고, 서구적인 현대의 주거양식과 식생활을 그대로 채택한 것은 아니었다. 오늘날과 같은 부엌이 만들어지기까지 전통과 서구적 현대가 서로 만나면서 사회적·경제적 여건과 관습적 사고와 미래지향적 가치관 등의 조정을 받게 되었음을 알 수 있었다.

한국의 부엌은 다른 어떤 공간보다 외형적으로는 가장 많이 변했다고 말할 수 있다. 과학적이고, 위생적이며, 아름답게 변모하였다. 각종 초현대적인 시설이 부엌에 들어오면서 재래 부엌의 모습은 찾아보기 힘들게 되었다.

그러함에도 불구하고 주부들의 부엌생활을 들여다보면 크게 달라지지 않은 점들도 발견된다. 김치냉장고가 인기 있는데 비해, 식기세척기는 외면받는 것을 보면, 식생활과 살림살이에 대한 여성들의 인식이 달라지지 않은 부분이 있다는 뜻이다.

또한 가공식품이 발달하고 육류와 유제품 등을 많이 소비하고는 있지만, 기본적인 식단이 크게 바뀌지는 않았다. 이처럼 잘 변하지 않는 식생활은 부엌일에 대해서 주부들이 가지는 부담감을 줄이지 않는다.

부엌일에 대해서는 유독 전통적인 남녀의 역할을 내세우면서 남성들이 부엌에 머무는 일은 많지 않다. 현대의 부엌이 개방적인 공간이 되었다는 뜻은 과거처럼 공동노동의 가능성이 살아났다는 뜻은 아니다. 그보다는 위치상 다른 방이나 거실을 향해서 열려있다는 뜻이 더 큰 것 같다.

현대부엌이 광고나 이론에서 주장하는 것처럼 가족의 휴식과 대화의 공간으로 자리를 잡기는 쉽지가 않을 전망이다. 부엌의 설비와 위치, 그리고 아름답고 쾌적한 실내장식 등의 요소는 어느 정도 갖추어졌다. 그러나 막상 주부들이 보다 편리하고 행복한 부엌생활이 이루어지기 위해서는 다른 영역의 생활들도 함께 변해야 한다.

부엌의 시설과 요리기구가 초현대식으로 바뀌는 것만이 능사가 아니다. 부엌생활이 변화하기 위해서 더 중요한 것은 식생활을 간편하게 하는 일, 부엌일에 대한 인식이 변하는 일, 남편들의 출퇴근 시간이 일정해지는 일, 자녀들의 학교교육이 제자리를 찾는 일 등이 같이 변해야 하는 것이다. 그래야 부엌은 온 가족의 휴식과 담소의 공간이 될 수 있는 것이다.

현대의 부엌에서도 여전히 주부들은 부엌에서 보내는 시간과 노력이 줄지 않았다는 것도 알았다. 가족원들에게 편안함을 제공하기 위해서 필요한 일이 많이 생겼다는 뜻이다. 이처럼 여성의 입장에서 보면 초현대식 시설과 가전제품이 들어찬 부엌 안에서도 우리는 별로 변하지 않는 면들을 새삼 발견하고는 놀라게 된다.

주

1) 함경도의 부엌은 다른 지역과 비교하여서 면적이 넓고 열 손실을 막기 위해서 가옥도 田자 형태를 띠게 되었다. 반면에 남쪽으로 내려오면서 집의 구조는 전면이 개방되는 형태를 띠게 된다. 중부지방에서는 ㄱ, ㄷ, ㅁ자 형태의 가옥이 발달하게 되고, 남부지방에서는 부엌, 방, 마루를 일렬로 배치하는 일자형 가옥이 발달하였다.

2) 양반가옥의 부엌에 대한 자세한 내용은 박선희의 글을 참고로 한다. (박선희, 1991)

3) 선교장은 강원도 강릉시 운정동에 위치해 있다. 중요민속자료 5호로 지정되어 있으며 조선 순조 때에 건축되었다. 전주 사람인 이내번이 강릉으로 이주하면서 지은 집이다. 안채는 1700년 이전에 이내번이 지었고, 사랑채인 열화당은 1815년 이후가 지었다.

4) 선교장에 관한 자세한 내용은 이희봉 외(1997)의 논문을 참고로 한다.

5) 위와 마찬가지로 후대의 여성들을 통해서 전통적인 일반농민들의 생활을 유추할 수 있어서 두 사례를 들었다.

6) 한국 최초의 서양식 주택은 1884년 인천에 세워진 세창양행의 사택이다. 이 주택에는 응접실, 침실, 부엌, 식당 그리고 오락실이 기능에 따라서 나누어져 있었다.(주남철, 1970. 11)

7) 신생활운동의 취지는 『신생활』잡지의 권두언에 나와 있다.(『신생활』, 1922년 3월 창간호 참고)

8) 정제로, 「新人의 요구하는 신가정」, 『동아일보』, 1923년 1월 26일자; 주남철, 1970, p.13에서 재인용.

9) 이상조, 위의 글.

10) 최현배, 위의 글.

11) 이훈우, 「주택을 여하(如何)히 개량할까」, 위의 글.

12) 박길룡, 「새살림의 부엌은 이렇게 했으면」, 『여성』1932년 1월호.

13) 박길룡, 「廚에 대하여」, 1932년; 황종수, 「개항이후 한국 재래 부엌의 변천에 관한 연구」, 부산대학교 대학원 석사학위

　　논문, 1990년, p.23에서 재인용.

14) 「당대여인생활탐방기―梨專敎授 윤성덕씨편」, 『신여성』, 1933
　　년 9월호, pp.58-62.

15) 「그 주택, 그 정원―음악가 계정식씨 주택―금화산 아래 깃
　　드린 비달기」, 『조광』, 1937년 9월호, p.81.

16) 조선총독부통계자료(1920), 조선총독부통계연보(1942), 김선
　　재, 「한국 근대도시 주택의 변천에 관한 연구」, 서울대학교
　　대학원 석사학위논문 참고. p.74, p.77.

17) 이경원, 「혁명은 부엌으로부터」, 『동광』, 1932년 1월호.

18) 선교사들이 세운 학교 가운데 1886년 이화학당의 설립은 한
　　국여성교육의 새로운 전기가 되었다.

19) 「신구여성좌담회풍경」, 『여성』, 1936년 2월호, pp.105-111.

20) 신현경씨는 1928년 서울에서 출생했고, 부모님 모두가 서울
　　토박이이다. 아버지가 한약방을 하여서 가난하지 않은 생활
　　을 하였고, 조선시대 중인들이 하던 식생활을 하였다. (송도
　　영 외, 『서울 20세기 생활·문화변천사』)

21) 1958년 보건사회부 주최로 전국 제1회 주택현상설계가 있었
　　고, 이들 당선작들은 그 뒤에 서민주택 건설에 많은 영향을
　　주었다. 단독주택부 1등 당선 작품을 보면, 안방·거실은 남
　　쪽으로 두고, 현관·욕실·부엌을 북쪽으로 몰았다. 중앙에 짧
　　은 복도를 둠으로 해서 거실의 일부가 욕실과 부엌, 안방으로 드
　　나드는 출입구의 역할을 하는 것을 줄였다. 이러한 설계의 기본
　　방향은 5인 가족이 중심이 되고, 개인생활을 최대한 증대시키고
　　자 하는데 있었다고 한다.(서울특별시, http://seoul600.visitseoul.
　　net/seoul-history/sidaesa)

22) 참고로 1966년 서울시가 조사한 가구당 소비지출 내용을 보
　　면 총 소비지출액 15,830원 가운데 식료품비가 7,190원으로
　　45,4%를 점하고 있으며 이 중 곡물 3,560원(22.5%), 육어개류
　　(肉漁介類) 1,100(6.9%), 유란(乳卵) 180원(1.1%), 채소해조 및 과
　　실 1,300원(8.3%), 조미료 560원(3.5%), 가공식품 190원(1.2%),
　　알콜음료 60원(0.4%), 그리고 외식비가 100원(0.7%)이었다. 주
　　부들이 기름, 설탕, 확학조미료를 사는데 많은 비용을 지출하였
　　음을 알 수 있었다. (서울특별시, http://seoul600.visitseoul. net/seoul-
　　history/sidaesa)

23) 서울육백년사. http://seoul600.visitseoul.net/seoul-history/sidaesa/ txt/ 참고.

24) 한아름 부엌가구 인테리어 선전문구.

25) 보다 자세한 내용은 김정옥의 논문을 참고한다(김정옥, 1991:20).

26) 하이리빙 부엌가구 선전문. http://www.hi-living.co.kr 참고.

참고문헌

\<잡지 및 신문\>

『동광』, 1932년 1월.

『신생활』, 1992년 3월.

『신여성』, 1933년 9월.

『여성』, 1932년 1월, 1936년 2월.

『조광』, 1937년 9월.

『동아일보』, 1923년1월 26일.

\<웹사이트\>

서울특별시, http://seoul600.visitseoul.net/seoul-history/sidaesa.

박찬승교수 홈페이지http://www.cnu.ac.kr/~phistory/lifestyle/index/
house.htm.

전라도닷컴 http://www.jeonlado.com.

\<논문 및 자료집\>

국립민속박물관, 『근대 백년 민속운동』, 1995.

김광언, 『한국의 부엌』, 대원사, 1997.

김선재, 「한국 근대도시 주택의 변천에 관한 연구」, 서울대학교
대학원 석사학위논문, 1990.

김정옥, 「가사노동에 관한 재고찰」, 『여성문제연구』, 효성여대
한국여성문제연구소, 1991.

대한주택공사, 『대한주택공사 30년사』, 대한주택공사, 1992.

민중생활사연구단, 『가까운 옛날-사진으로 기록한 민중생활』,
2004.

박선희, 「조선시대 반가의 주생활과 공간사용에 대한 연구」, 연

세대학교 대학원 박사학위논문, 1991.

성춘식, 『어머니 사랑하는 어머니』, 창해, 2001.

송도영, 윤택림, 윤형숙, 함한희, 「서울주민의 식생활의 변천」, 『서울 20세기 생활·문화변천사』, 서울시정개발연구원, 서울학 연구소, 2001.

윤복자 외 5인, 『부엌총서; 한국 부엌의 역사』, 주식회사 한샘 학술연구비 수혜연구, 1994.

윤숙자, 『삶과 꿈, 우리의 부엌살림』, 박록담, 1997.

이희봉, 김태식, 「가족성원의 역할을 통해 본 전통 주거공간의 재조명－사례, 강릉 선교장」, 『대한건축학회학술발표논문집』 17, 1997.

주남철, 「이조 말부터 1945년도까지의 한국의 주택변천」, 『한국 건축학회지』 14:38, 1970.

중학교2학년 교과서, 『표준중학가정2』, 1975.

함한희, 「부엌의 현대화과정에서 나타나는 문화적 선택들」, 『정신문화연구』25권 1호, 2002.

황종수, 「개항이후 한국 재래 부엌의 변천에 관한 연구」, 부산대학교 대학원 석사학위논문, 1990.

부엌의 문화사

초판발행 2005년 1월 30일 | 3쇄발행 2006년 9월 15일
지은이 함한희
펴낸이 심만수 | 펴낸곳 (주)살림출판사
주소 413-756 경기도 파주시 교하읍 문발리 파주출판도시 522-2
출판등록 1989년 11월 1일 제9-210호
전화번호 영업·(031)955-1350   기획·(031)955-1370~2
        편집·(031)955-1362~3
팩스 (031)955-1355
e-mail salleem@chol.com
홈페이지 http://www.sallimbooks.com

ISBN 89-522-0337-2 04080
      89-522-0096-9 04080 (세트)

값 9,800원